袴田事件
死刑から無罪へ

58年の苦闘に決着をつけた再審

小石勝朗

現代人文社

長期間味噌に漬かった血痕の色調変化

死刑判決が袴田巖さんの犯行着衣と認定した「５点の衣類」は、味噌タンクの底部で見つかった。このタンクで１年以上味噌に漬かっていたはずだが、発見時の記録では付着した血痕には赤みが残っていた。弁護団は「味噌に漬かった血液は数カ月で黒褐色化し、１年以上漬かって赤みが残ることはない」として捏造証拠だと主張。

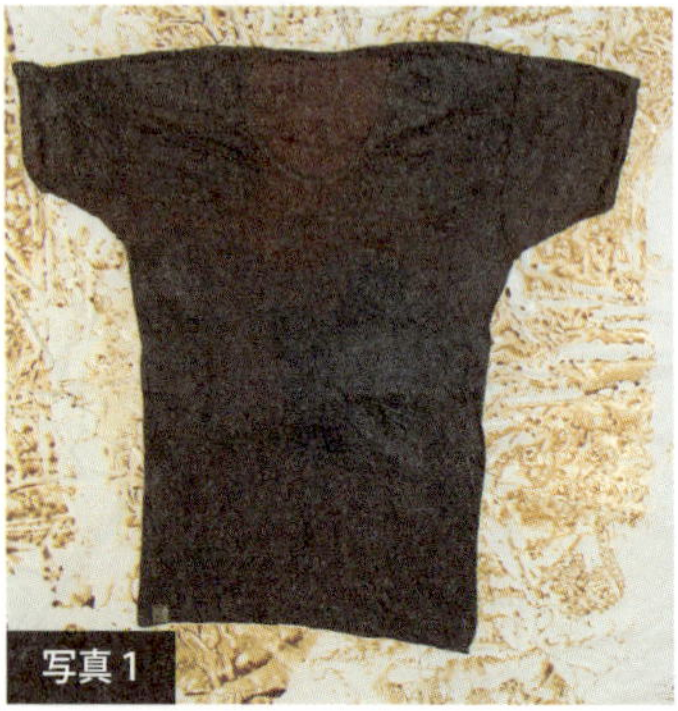

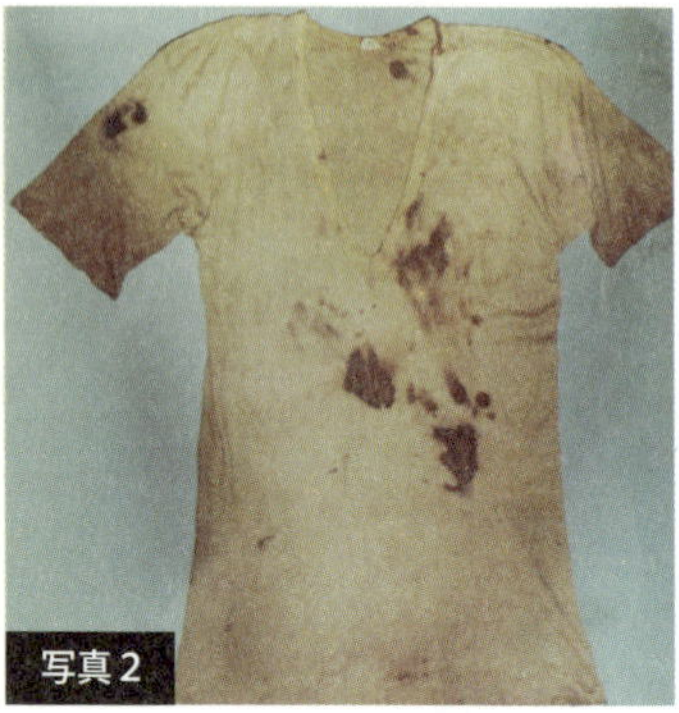

弁護団の実験で１年２カ月間、味噌に漬けた半袖シャツ（写真１）。５点の衣類（写真２）の色合いとは歴然とした違いがある（提供／袴田巖さんを救援する清水・静岡市民の会）

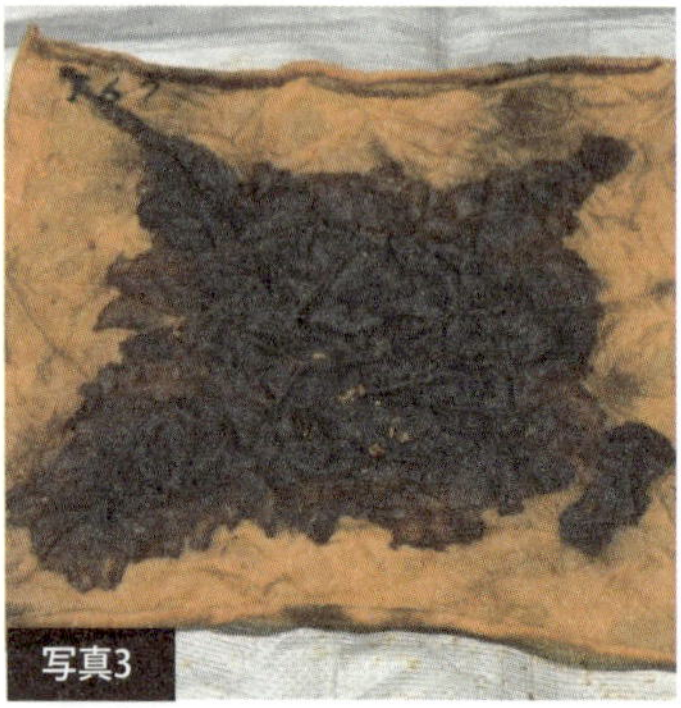

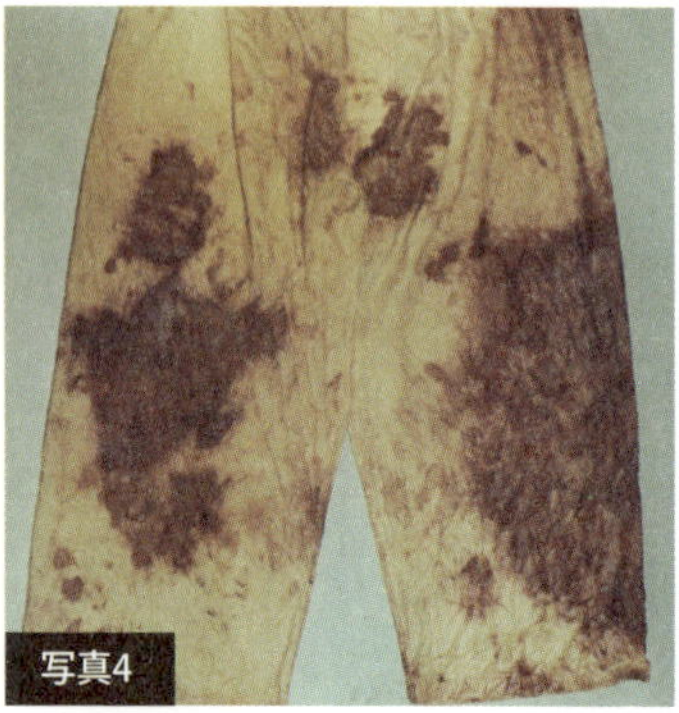

検察の実験で１年２カ月間味噌に漬かった血痕（写真3）。犯行着衣とされた「５点の衣類」（写真4）に比べ、赤みが消え黒褐色化している（弁護団提供）

序　ついに無罪判決が出た

1966（昭和41）年に静岡県清水市（当時）の味噌会社専務一家4人が殺害された「袴田事件」で強盗殺人罪などに問われ、死刑判決が確定した元プロボクサー袴田巖さん（88歳）の再審（やり直し裁判）で、静岡地方裁判所（國井恒志裁判長、谷田部峻裁判官、益子元暢裁判官）は2024年9月26日、無罪を言い渡した。検察は死刑を求刑していた。

(1) 5点の衣類など「3つの捏造」を認定

再審判決は、確定審が袴田さんの犯行着衣と認定し最重要証拠になった「5点の衣類」について、袴田さんの弁護団の主張を受け入れ、捜査機関が捏造したと明言した。

死刑判決は袴田さんが事件直後に5点の衣類を現場そばの味噌醸造タンクに隠し、1年2カ月後に見つかるまで味噌に漬かっていたと見立てていた。しかし、再審判決は衣類に付着した血痕の色合いを根拠に「事件から相当期間経過後の発見に近い時期に、本件犯行とは無関係に、捜査機関によって血痕を付けるなどの加工がされ、タンク内に隠匿された」と言い切った。事件の1カ月半後に逮捕されていた袴田さんがタンクに投入することは不可能だったとして「犯人性」を明確に否定した。

5点の衣類の1つ、ズボンの端切れ（共布）が袴田さんの実家で見つかったことに対しても「捜査機関によって捏造された」と判断した。共布は、ズボンが袴田さんのものだと認定される拠り所になっていた。

さらに、死刑判決が採用した検事による供述調書の任意性を認めず、証拠から排除した。捜査段階での連日の取調べが1日平均12時間に及んだことなどを挙げ、この「自白」調書が「肉体的・精神的苦痛を与えて供述を強制する非人道的な取調べによって獲得」されたと非難。犯行着衣をパジャマとする「虚偽の内容」も含まれていることから「実質的に捏造されたもの」と断じた。

(2) 弁護団は「画期的な判決」と評価

主任弁護人の小川秀世・弁護団事務局長は判決後、「3つの重要な証拠について『捏造だ』とはっきり示し詳細に説明しており、画期的な判決だ。ほかの証拠がいくらあっても袴田さんの犯人性を推認するには意味がないとも言っており、検察が控訴しても立証する段階に行けるとは思えない。今回の判決で終わりになる、と信じている」と力を込めた。

再審公判への出頭義務を免除された袴田さんは、この日も地裁に姿を見せなかった。初公判から引き続き、補佐人の姉・秀子さん（91歳）が代わって出廷。國井裁判長は判決主文を言い渡す際、秀子さんに法廷中央の証言台の席に着くよう呼びかけ「無罪」を告げた。秀子さんは判決後の記者会見で「裁判長が『主文　被告人は無罪』というのが神々しく聞こえた。感激するやら嬉しいやらで、涙が自然に出てきて止まらなかった」と振り返った。

支援者らに判決内容を報告する主任弁護人の小川秀世弁護士（右から２人目）と袴田巖さんの姉・秀子さん（一番右）＝2024年９月26日、静岡市葵区の駿府城公園（撮影／小石勝朗）

(3)　死刑事件の再審無罪判決は戦後5件目

死刑判決が確定しながら再審で無罪が言い渡されるのは、戦後では、免田事件（１９４８年発生、１９８３年無罪確定）、財田川事件（１９５０年発生、１９８４年無罪確定）、松山事件（１９５５年発生、１９８４年無罪確定）、島田事件（１９５４年発生、１９８９年無罪確定）に次いで5件目。過去の4件はいずれも、再審無罪判決に対し検察は控訴をせず確定した。

袴田事件 死刑から無罪へ
58年の苦闘に決着をつけた再審
——目次

第2章　「血痕の色」をテーマに差戻審で論戦、そして再審開始決定……71

第3章 再審の初公判まで続く攻防

第1章 大きく揺れた司法判断

袴田巖さんの第2次再審請求は、揺れ動く裁判所の判断に翻弄された。

袴田さんの姉の秀子さんが第2次請求を申し立てたのは2008年。静岡地方裁判所は2014年に再審開始と死刑・拘置の執行停止（釈放）を認める決定をしたが、検察の即時抗告を受けた東京高等裁判所が2018年に逆転の請求棄却決定（釈放は継続）。今度は袴田さんの弁護団が特別抗告し、最高裁判所は2020年に審理を高裁へ差し戻す決定をした。その後、東京高裁の差戻審が2023年に再び再審開始を認め、静岡地裁の再審公判で2024年9月26日に無罪判決が出されるに至った。事件発生から58年3カ月、第2次再審請求を申し立ててからでも16年5カ月が経過している。

私の前著『袴田事件　これでも死刑なのか』（現代人文社、2018年）では、主に静岡地裁の再審開始決定から東京高裁の逆転棄却決定までを取り上げた。本書・第1章では、第2次再審請求の経緯を押さえるために改めて静岡地裁と差戻し前の東京高裁の決定を振り返ったうえで、最高裁決定までの動きをたどる。

1 静岡地裁が再審開始と袴田巖さんの釈放を決定、「証拠捏造」に踏み込む（2014年3月27日）

静岡地方裁判所（村山浩昭裁判長、大村陽一裁判官、満田智彦裁判官）は2014年3月27日、強盗殺人罪などで死刑が確定していた元プロボクサー袴田巖さん（78歳）の再審開始を認める決定をした。地裁は死刑・拘置の執行停止も決定に盛り込み、袴田さんは同日、逮捕から47年7カ月ぶりに釈放された。死刑判決が袴田さんの犯行着衣と認定した「5点の衣類」に対し、捜査機関が捏造した疑いがあると指摘している。

(1) いったん「自白」も公判では一貫して否認

静岡県清水市（現在は静岡市清水区）の味噌製造会社の専務宅で一家4人が殺害され、現金が奪われて放火された事件が発覚したのは、1966（昭和41）年6月30日未明だった。住込み

再審開始決定を受け、記者会見で笑顔を見せる袴田巖さんの姉・秀子さん（左）と西嶋勝彦弁護団長＝2014年３月27日午前、静岡市葵区。写真提供：時事通信社

従業員の袴田さんは１カ月半後の８月18日に逮捕される。１日平均12時間にも及ぶ過酷な取調べを受けて、20日目の９月６日に犯行を「自白」させられ、９月９日に強盗殺人と放火、住居侵入の罪で起訴された。

袴田さんは公判では一転、一貫して犯行を否認した。しかし、１９６８年の静岡地裁判決は、死刑。この時の３人の裁判官のうちの１人が、２００７年に「私は無罪を主張した」と告白した熊本典道氏だ。袴田さんは控訴、上告したものの、１９８０年に最高裁で死刑判決が確定。すぐに起こした第１次再審請求も２００８年に最高裁で棄却された。

(2) 1年2カ月経って見つかった「5点の衣類」

もとの裁判（確定審）の段階で、すでに数々の疑問点が浮き彫りになっていた。最大のものが、今回の再審開始決定のポイントになった「5点の衣類」だ。血痕の付着した半袖シャツ、ズボン、ステテコ、ブリーフ、スポーツシャツで、現場そばの味噌工場の醸造タンク底部から麻袋に入って見つかった。事件発生から1年2カ月も経った1967年8月31日のことで、一審公判の途中だった。

検察は、起訴時点でパジャマだった犯行着衣を5点の衣類へとあっさり変更する。一審はこれを追認し、死刑判決の大きな拠り所にしてしまった。5点の衣類の血痕は血液型をもとに、けがをした袴田さんのものと被害者4人の返り血とされ、さらにこのズボンと切断面が一致する端切れが袴田さんの実家のタンスから見つかったとして、5点の衣類は袴田さんのものと判断された。

1970年代前半に東京高裁の控訴審で、このズボンを袴田さんがはいてみる装着実験が3回行われたが、小さくて入らなかった。しかし、検察は「長期間、味噌に漬かった後に乾燥したため縮んだ」と主張し、裁判所も採用していた。

(3) 捏造する必要と能力を有するのは警察

再審開始決定で最も注目されるのは、決定が「5点の衣類が袴田さんのものでも犯行着衣でもなく、後日捏造されたものであったとの疑いを生じさせる」と断じている点だ。

しかも「このような証拠を捏造する必要と能力を有するのは、おそらく捜査機関（警察）をおいて外にない」とまで言及。袴田さんに対する捜査段階での無理な取調べを挙げて「人権を顧みることなく、袴田さんを犯人として厳しく追及する姿勢が顕著であるから、捏造が行われたとしても特段不自然とは言えない。公判で袴田さんが否認に転じたことを受けて、新たに証拠を作り上げたとしても、もはや可能性としては否定できない」とも述べている。

では、静岡地裁はどんな理由で「捏造説」に至ったのか。

(4) DNA鑑定の信用性を重視

決定が再審開始の要件となる「無罪を言い渡すべき新規・明白な証拠」に挙げたのは、DNA鑑定と味噌漬け実験である。

DNA鑑定は、弁護団の求めに応じて裁判所が実施し、弁護団、検察双方が推薦した2人の法医学者に委嘱した。

焦点の1つは、被害者ともみ合った際にけがをした袴田さんのものとされてきた半袖シャツ右肩の血痕が、本当に本人のものなのか。弁護団推薦の本田克也・筑波大教授は、袴田さんの

ＤＮＡ型と「不一致」、検察推薦の山田良広・神奈川歯科大教授も「完全に一致するＤＮＡは認められなかった」と結論づけた。袴田さんの血痕、との認定が覆されたのだ。

もう１つの焦点、被害者の返り血とされた血痕が一家４人のものなのかについても、本田氏は「被害者の血液は確認できなかった」としたうえで、「血縁関係のない、少なくとも４人以上の血液が分布している可能性が高い」と分析した。

地裁決定は本田氏の鑑定の信用性を重くみて「５点の衣類の血痕は、袴田さんのものでも、被害者４人のものでもない可能性が相当程度認められる」と判断した。５点の衣類に依拠して袴田さんに死刑を言い渡した判決の構造が崩れた。

(5) 事件から相当期間経過した後に味噌漬け

もう１つの味噌漬け実験は、５点の衣類が本当に1年2カ月もの間、味噌に漬かっていたのかを確認しようと、袴田さんの弁護団と支援団体が実施した。５点の衣類とほぼ同じサイズ・素材の衣類をそろえ、自分たちの血液を採って付着させ、味噌も公判記録の成分表をもとに仕込んで、最大1年2カ月の間、漬け込んだ。

発見時の5点の衣類は、付着した血痕が識別できるほど味噌の着色は薄かった。しかし、実験で長期間漬け込んだ衣類は、もとの色が分からないほど味噌の色にムラなく染まっていた。

血痕は容易に判別できなかった（口絵写真を参照）。

地裁決定は味噌漬け実験をもとに「5点の衣類の色は、長期間味噌の中に隠匿されていたにしては不自然である」「ごく短時間でも、発見された当時と同じ状況になる可能性が明らかになった」と捉え、さらに「事件から相当期間経過した後、味噌漬けにされた可能性がある」と述べた。

(6) ズボンの端切れの押収経緯も不自然

5点の衣類のズボンが味噌に漬かって縮んだとされた根拠として、ズボンのタグに記された「B」がサイズを示していることが挙げられていた。しかし、第2次再審請求審での証拠開示によって、実は「B」は色を表すことが明らかになった。大きいB体のズボンが縮んだのではなく、最初から小さいサイズだったからはけなかったのだ。地裁決定は「ズボンが袴田さんのものではなかったとの疑いに整合する」と述べた。

ズボンの端切れが袴田さんの実家から押収された経緯についても、地裁決定は強い疑問を投げかけた。一緒に押収されたのが捜索の目的物のベルトだけだったことに触れ、これだけの重大な事件では5点の衣類に関係がありそうな品物を広範に押収するのが普通なのに「一見しただけでは事件との関連性が明らかでない端切れ」とベルトしか押収していないのは不自然だと指摘。「実家から端切れが出てきたことを装うために捜索・差押えをしたとすれば容易に説明がつく」として、「捏造された証拠である疑いが強まった」と批判している。

(7) 拘置の継続は耐えがたいほど正義に反する

再審開始と死刑の執行停止とともに、拘置の執行停止（釈放）まで認めたことも、今回の決定の大きな特徴だ。

理由として、①再審で無罪判決が出される蓋然性（確実性）が相当程度認められる、②判決が確定してから33年以上も死刑執行の恐怖にさらされてきた、③国家機関が違法・不当な捜査によって無実の個人を陥れ、45年以上も身体を拘束し続けたことになり、刑事司法の理念からは到底耐えがたい――を挙げている。

そのうえで決定は「拘置をこれ以上継続することは、耐えがたいほど正義に反する状況にあると言わざるを得ない。一刻も早く身柄を解放すべきである」と言い切った。

検察は決定を不服として東京高裁に即時抗告した。ＤＮＡ鑑定の評価に異を唱えるとともに、証拠の「捏造説」を裏づける根拠はないと主張している。高裁でＤＮＡの再鑑定を求める意向、とも伝えられている。

高裁の審理の進め方によっては、再審が実現するまでに数年かかることも予想される。袴田さんの年齢や体調を考えた時、少しでも早く今回の決定を確定させ、再審開始〜無罪判決を獲得する必要がある。検察は執拗に審理を長引かせないように、高裁も迅速に対応するように、強く望みたい。

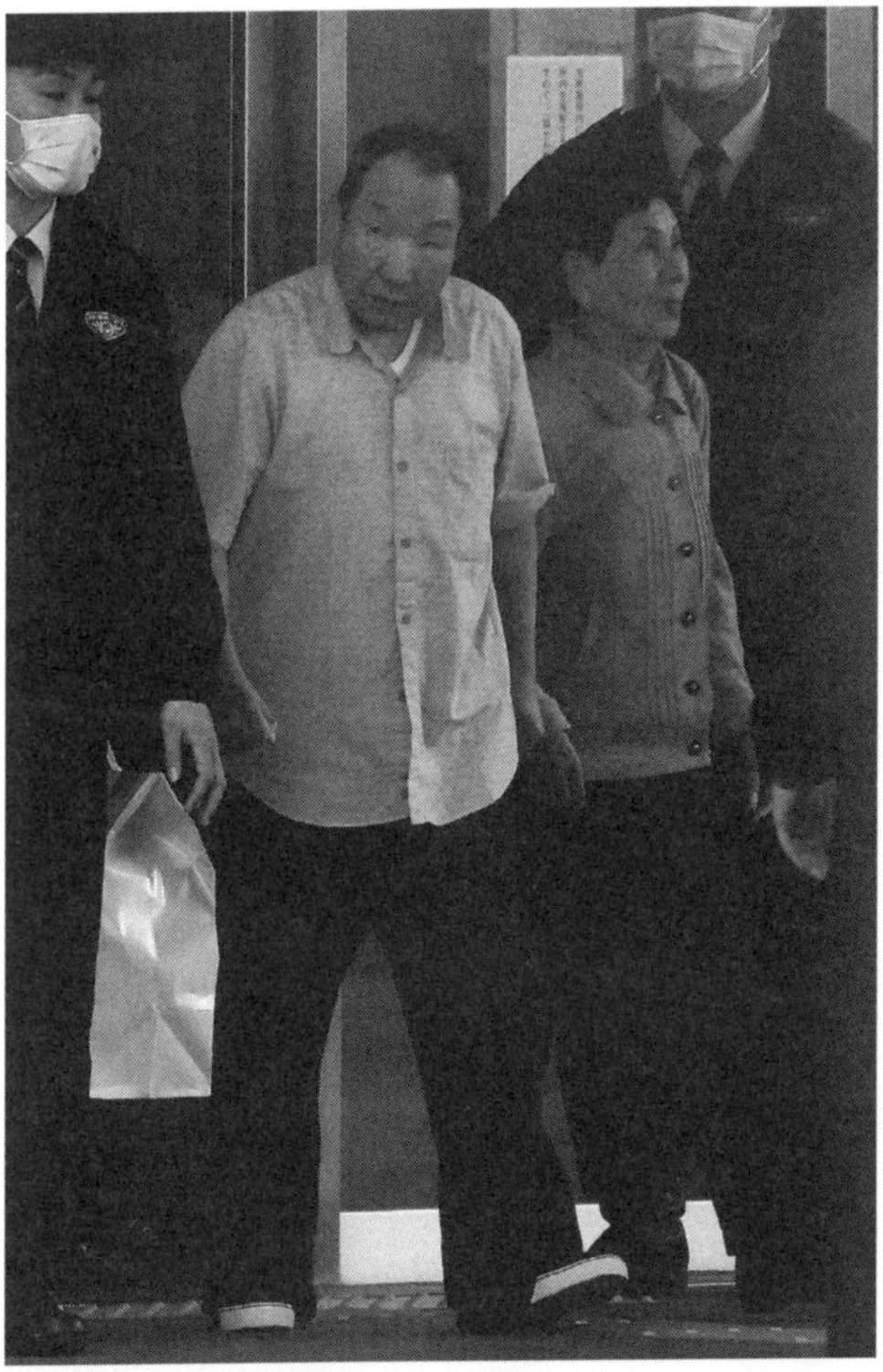

姉の秀子さん（中央右）に付き添われて東京拘置所を後にする袴田巖さん（同左）=2024年３月27日午後５時20分、東京都葛飾区、小出洋平撮影。写真提供・毎日新聞社

2　東京高裁が逆転で再審請求を棄却、ＤＮＡ鑑定の信用性を否定（２０１８年6月11日）

東京高等裁判所（大島隆明裁判長、菊池則明裁判官、林欣寛裁判官）は２０１８年6月11日、袴田巖さん（82歳）の再審開始を認めた静岡地裁の決定を取り消し、再審請求を棄却する逆転の決定をした。地裁が「無罪を言い渡すべき新規・明白な証拠」と判断したＤＮＡ鑑定や味噌漬け実験の証拠価値を否定し、捜査機関による証拠捏造についても認めなかった。ただ、袴田さんの釈放は取り消さなかった。袴田さんの弁護団は決定を不服として最高裁判所へ特別抗告した。

(1)　地裁は鑑定の手法を過大評価している

東京高裁の審理では、地裁が新証拠と認めた本田克也・筑波大教授（法医学）のＤＮＡ鑑定について、その手法の有効性が最大の争点になった。

高裁は決定で、唾液や皮脂などが混じった可能性のある血痕から血液のＤＮＡだけを取り出す本田氏の（細胞）選択的抽出方法に対し、「科学的原理や有用性には深刻な疑問が存在している」と否定的見解を示し、地裁決定がこの手法を「過大評価している」と批判した。

本田氏は、死刑判決が袴田さんの犯行着衣と認定した「5点の衣類」にこの手法を利用し、衣類に付いた血痕のDNA型が袴田さんや被害者4人の型とは一致しないとの鑑定結果を出したが、高裁は「信用できない」と結論づけた。

地裁がもう1つの新証拠と認めたのは、弁護団と支援者が独自に実施した「味噌漬け実験」の結果だった。5点の衣類が発見まで1年以上も味噌に漬かっていたとの死刑判決の認定に対し、それにしては発見直後の衣類のカラー写真を見ると味噌の色に染まっていないことに疑問を抱いたのがきっかけだ。実際に1年2カ月間、味噌に漬けた衣類は、もとの色や血痕が分からないくらい濃く染まるという内容だった。地裁は、5点の衣類が「長期間味噌に漬けられていたにしては不自然」と判断した。

これに対しても高裁は、5点の衣類を発見直後に撮影したカラー写真が「色の劣化や撮影の露光オーバー等」により実際の色合いを正確に反映していないとの見解を示した。さらに、5点の衣類が見つかったタンクで醸造されていた味噌の色は薄く、「(弁護団の)実験で用いられた味噌の色とは相当異なる」と認定。地裁決定が、弁護団の味噌漬け実験の「証拠価値を不当に高く評価した」と切り捨てた。

(2) ベルトの穴を根拠に「ズボンをはけなかったとは言えない」

袴田さんが確定審で5点の衣類のズボンの装着実験をしたところ、太腿でつかえてはけなかった。死刑判決はタグの「B」を根拠に、もともと大きなサイズだったのが長期間、味噌に漬かってから乾燥したため縮んだと認定したが、第2次再審請求の審理で、「B」は色を示しておりズボンは「Y体4号（ウエスト76センチ）」との証拠が新たに開示された。

高裁決定は、死刑判決の認定が誤りだったと明記してはいる。しかし、袴田さんが事件当時使っていたとされるベルトは、内径72～73センチの穴が「他の穴より広がっており、多く使用された形跡があった」と論点を転換して、「ウエストサイズをみる限り、袴田さんが事件当時、このズボンをはけなかったとは言えない」と断定した。

(3) 証拠捏造は具体的な根拠に乏しい

高裁はまた、地裁決定が指摘した「警察による証拠捏造の疑い」に対しても「具体的な根拠に乏しく、抽象的な可能性を言うに過ぎない」と退け、「袴田さんを犯人とした死刑判決の認定に合理的な疑いが生じていないことは明らかである」と結論づけた。

唯一の救いがあったとすれば、地裁が出した「死刑と拘置の執行停止」を覆すことはせず、袴田さんの再収監を避けたことだろう。高裁は「袴田さんの年齢や生活状況、健康状態などに照らすと、逃走のおそれが高まるなどして刑の執行が困難になるような現実的危険性は乏しい」として、「再審請求の棄却決定が確定する前に執行停止を取り消すのが相当であるとまでは言い難い」と述べている。

(4) 弁護団会見で強い怒りが渦巻く

高裁決定後の弁護団の記者会見には、強い怒りが渦巻いた。「非常に残念」「到底承服できない」「結論ありき」「非常識な判断」「強い偏見と思い込み」「手抜き決定」「冤罪決定」といった言葉が各弁護士から口々に発せられた。

袴田さんの姉の秀子さん（85歳）は「たいへん残念な結果ですが、身柄の拘束をしないとのことで一安心しています」と淡々と語り、「本当のことは正しい目できちんと調べれば分かる。50年闘ってきたのですから、これからも頑張っていきます」と力を込めた。袴田さんはこの日、自宅のある静岡県浜松市にとどまり、上京しなかった。

一方の東京高検は「法と証拠に照らし、適正かつ妥当な判断であると理解している」との談話を出した。

(5)「鑑定の評価に根本的な誤り」と特別抗告

袴田さんの弁護団は東京高裁の決定を不服として、1週間後の6月18日、最高裁へ特別抗告した。申立書には「(高裁の)裁判長らに『無実の者を死刑にするかもしれない』という怖れが決定的に欠如していた」と記した。

申立書では、本田氏による5点の衣類のDNA鑑定において選択的抽出方法は補足的な手順だったと強調し、高裁決定は「選択的抽出方法に対する批判を足がかりとして、本田氏個人の資質や鑑定のデータに疑問や不信があるかのごとき印象操作を行い、結果的に鑑定全体の信用性を貶めようとするもので、著しく不当だ」と反発した。そして「科学的な証拠が示した結果に対する評価の姿勢として、根本的な誤りを犯した」と決定を非難した。

味噌漬け実験をめぐっても、5点の衣類の発見直後のカラー写真には「一定の退色が認められるものの、大まかな傾向すら把握できないほどに劣化・退色しているようには見えない」と主張。5点の衣類が発見されたタンクの味噌の色が薄かったとの認定に対しては、高裁の審理に入ってから証言した元従業員が「いずれも高齢で、40年以上も前の記憶に基づく供述であり、色についての正確な記憶を保っているとは考え難い」と反論した。

また、5点の衣類が捏造だった疑いを高裁が「抽象的な可能性」としたことについても、「弁護側が具体的に捏造のプロセスを主張・立証せよ」と言うに等しく、「疑わしきは被告人の利益に」との刑事裁判の鉄則に反する、と批判した。

そのうえで高裁決定が、①個々の新証拠を短絡的に否定するだけで、旧証拠と合わせた場合に犯罪事実に合理的な疑いが生じないかの「総合評価」をしていない、②弁護団に反対尋問や反証の機会を与えず、結審間際に検察が出した法医学者らの意見書を無条件に採用した――といった点が憲法や判例に違反する、と主張した。

◇　◇　◇

袴田巖さんは死刑判決が確定した後、拘置所でどんな生活を送っていたのか。なぜ精神を病むに至ったのか。高裁決定を受けて、私は『週刊金曜日』にこんな記事を書いた。

3　死刑判決が蝕んだ袴田巖さんの心（2018年8月）

(1)　東京拘置所での袴田巖さんの動静

死刑が確定した袴田巖さんの東京拘置所での動静を記録した公文書がある。治療のため袴田さんを精神科の病院へ移すよう求めて、1992年に姉の秀子さんらが人身保護請求を起こした。審理にあたって拘置所が東京地裁へ提出した報告書などに、1985年以降の袴田さんの特異な行動が書かれている。主な内容を見る。

1985年4月　秀子さんに宛てた手紙に「害薬入り弁当を毎日食べさせられる」と記載。以後、同様の記載や申し出を繰り返す。

1986年9月　「放送のスイッチを切っても音が完全に切れない」と申し出る。実際には異常なし。

1987年7月　洗濯用ゴム手袋を頭に乗せ、数珠を持ち、腹巻に本を差し込んだ格好で、房内を徘徊。同様の行動が以後、頻繁に見られる。

1989年4月　夜間、菓子の空き袋を頭からかぶる。「強烈な電波が顔面を狙ってくるので防止している」

1990年12月　秀子さんらの面会を「今日は忙しくてダメだ」と拒否。説得にも「顔なんか見る必要がない」と頑なに断る。以後、面会を拒否することが増えていく。

1991年11月　秀子さんが差し入れた再審の資料を、見ないままゴミ箱に捨てる。以後、裁判の書類や手紙をそのまま捨てることが多くなる。

1992年2～3月　拘置所の食事を30食続けてとらず。差入れのリンゴやカステラだけ食べる。

同年3月　主食を洗い、牛乳をかけて食べる。

同年5月　便器に石けんの泡をあふれさせ、「大事な儀式に必要」。

同年8月には東京拘置所の医務部長名で「拘禁反応による幻覚妄想状態」との診断書が出ている。この時点で逮捕から26年が経っている。

(2) 拘置所は病院へ移すことを認めず

それでも拘置所は「面接や日常会話においては現実認識に基づいたしっかりした対応が可能」として、袴田さんを病院に移すことを拒み続けた。心神喪失状態になった死刑囚の執行は停止すると刑事訴訟法が定めているため、病気と診断するわけにはいかなかったのだ。裁判所も人身保護請求を認めなかった。

なぜ、袴田さんは妄想の世界に身を置くようになったのか。秀子さんが「死刑」について語るたびに触れるエピソードがある。

刑が1980年暮れに最高裁で確定し、東京拘置所の確定死刑囚のフロアに移されてから面会に行った時のこと。袴田さんが血相を変え慌てた様子で面会室に入ってきて、興奮気味にこう話したそうだ。

「昨日、死刑の執行があった。隣の部屋の人だった。お元気で、と言っていた」

秀子さんによると、袴田さんの言動や手紙におかしな兆候が見られるようになったのは、そのころからだ。そして1985年前後には面会の際に「電波のせいで頭がはっきりしない」など訴えるようになる。１９９２年から秀子さんら親族との面会にも応じなくなり、１９９５年には久しぶりに面会した秀子さんに「わしには兄姉はおらん」と言っている。

正面から「無実」を主張して裁判を闘ってきたのに、聞き入れられなかった無念さ。そこへ死刑の執行に直面させられる恐怖が加わり、精神が蝕まれていったのであろうことは想像に難くない。

(3) 基本的な精神状態は変わっていない

さて、２０１４年3月の静岡地裁の再審開始決定により、東京拘置所から釈放されて４年４カ月。袴田さんの様子は変わったのだろうか。

自宅がある静岡県浜松市内を歩いて回る日課は猛暑でも欠かさない。昼過ぎから4、5時間かけて中心部を回り、百貨店の休憩所でくつろぐ。付き添う支援者にチップを渡すこともある。２０１８年5月にはメッセージボードに「幸せの花」と力強く書いた。ただ、脈絡のない会話は相変わらずだ。

釈放以来の様子をつぶさに見てきた「浜松　袴田巖さんを救う市民の会」の寺澤暢紘さんは、精神障がい者の生活支援をするＮＰＯで働いた経験も踏まえて、こう分析する。

「拘置所にいた時は、死刑執行の現実から逃れ、自分の命を守るための妄想でした。面会拒否も、現実と向き合いたくなかったからでしょう。今も『事件も裁判もないんだ』と話すように、基本的な精神状態は変わっていません。恐怖や不安が根底から消え去ってはいないようです」

袴田さんが2018年3月、弁護士と一緒に東京高裁と東京高検に申入れに行った時の態度

散歩からの帰途、自宅近くの公園で鳩にえさをやってくつろぐ袴田巖さん＝2018年7月、静岡県浜松市（撮影／寺澤暢紘）

が象徴的だったという。知らずに高裁に入り、弁護士に「裁判所にいる」と聞かされた途端に不機嫌に。検察庁では玄関前で庁舎に入るのを拒み、そのまま通り過ぎた。警備員の制服が拘置所の刑務官と重なったためではないか、と支援者はみている。

「『現実』に引き戻されたくないという気持ちの表れではないでしょうか。一番踏み込まれたくないところに触られた、と感じたのだと思います。加えて翌日の何事もなかったかのような様子には、妄想の壁の厚さを感じました」(寺澤さん)

秀子さんも、袴田さんが「午前中は落ち着かないことがある」と話す。死刑執行が行われる時間帯であることが影響しているようだ。

(4) 「安心して暮らす今の状況に任せて」

東京高裁が再審請求を棄却する逆転決定を出したため、袴田さんは再び「死刑」に直面する立場に置かれることになった。執行を前提に拘置所に戻されることになれば「世界にも例を見ない前近代的、非人道的な事態」(西嶋勝彦・弁護団長)となることは間違いない。

弁護団の特別抗告を受けた最高裁が、いつ結論を出すかは見通せない。弁護団や支援者には「最高裁はあえて長期化させ、自ら判断を下さないまま袴田さんが衰えるのを待つのではないか」と訝る声も強い。

半世紀もの間、「死刑」に翻弄され続ける袴田さんの精神状態が、元に戻ることはあるのだろうか。

寺澤さんはこんな見方をする。

「無理に治療しようとすれば『現実』と向き合うことになる。高齢なので服薬すると強い副作用が出る可能性もある。安心して暮らす中で妄想の世界を築き上げた今の状況に、任せていて良いのかもしれません」

もちろん、今回の高裁決定でさえ取り消せなかった釈放＝自由が続くのが大前提だ。最高裁の責任は重い。

◇　　◇　　◇

高裁の決定を受け、検察は袴田さんの釈放の取消しを最高裁に求めた。最高裁の決定はいつ出るか予測がつかず、いきなり再審請求が棄却されて袴田さんが再収監される最悪の事態を想定しておく必要が出てきた。弁護団は再収監を阻止するため、再審請求と並行して恩赦の獲得に注力した。国会議員による救援議員連盟も国の審査会に恩赦の適用を要請した。

4 袴田巖さんの恩赦を出願、再収監阻止へ「死刑の執行免除」を求める（2019年3月20日）

袴田巖さんと姉の秀子さんが2019年3月20日、恩赦の願書を静岡地検へ提出した。2014年に静岡地裁が出した再審開始と死刑・拘置の執行停止（釈放）の決定によって袴田さんは身柄の拘束を解かれたが、2018年に東京高裁が再審請求を棄却した。これを受けて検察が死刑の執行停止と釈放の取消し（再収監）を主張しているため、恩赦による「刑の執行免除」を求めた。

(1) 世界的にも稀な強度の人権侵害

検察は2018年8月に最高裁へ提出した意見書に「被害者4人に対する強盗殺人・放火の重大な事件であることからすれば、袴田巖の生活状況や心身の状況を考慮しても拘置の必要性は高い」と記している。

恩赦出願の理由書で袴田さんの弁護団は「静岡地裁で再審開始決定が出た事実は十分に考慮されるべきだ」と指摘し、死刑判決が「控えめに見ても誤判である蓋然性が高い」と訴えた。

静岡地裁が認定した警察による証拠捏造の疑いに触れて「国家機関が45年以上もの間、無実の個人を拘束して陥れた」「世界的に見ても極めて稀なほどに強度の人権侵害がなされていた」と強調した。

再審請求審で明らかになった問題点として、逮捕直後の袴田さんと弁護人との接見の様子を警察が盗聴・録音していたことや、「5点の衣類」のズボンのタグに記された「B」がサイズではなく色を示すとの重要な証拠を検察が隠していたことを挙げ、「捜査の適正、公判における適正な審理という面から見て、極めて重大な問題を含んだ事件」とも断じた。

そのうえで、釈放されたとはいえ再審が実現しないために袴田さんの精神的な負担は続いているが、無罪の確定までには「まだ途方もなく時間がかかる」との認識を示し、「このような拷問とも呼べるような状況は直ちに改善されるべき」として、恩赦がその解決策になると位置づけた。

(2) 再収監は類を見ない悪しき前例になる

また、釈放から5年間、秀子さんと平穏に生活してきた袴田さんが死刑執行を前提に再収監されれば「世界的にも類を見ない悪しき前例となる」と警鐘を鳴らし、「このような人権侵害が発生する可能性を避けて予防するためにも、恩赦による恩典を袴田氏に受けさせるべきである」と結んでいる。

袴田さんの恩赦出願は1989年、2005年に続いて3回目。この2回では減刑を求めていたが、当時とは大きく状況が異なっているため、現状に即した判断がなされるよう改めて出願することにした。

恩赦出願に対しては「前提となる罪を認めることになる」として反対する意見があるが、袴田さんの弁護団や支援団体は「再収監を阻止し、袴田さんの命を守ることを最優先に考えた」と説明している。最高裁に特別抗告している再審請求は、恩赦が認められたとしても取り下げずに続ける方針だ。

今後、静岡地検は意見を付けて中央更生保護審査会（中更審）へ上申し、恩赦の可否はここで審査される。秀子さんは「大いに期待しています」と話した。

(3) 国会議連も異例の要請

袴田さんに恩赦を実施するよう、超党派の国会議員でつくる「袴田巖死刑囚救援議員連盟」が2020年3月10日、中央更生保護審査会に要請した。特定の個人への恩赦適用を国会議員が求めるのは異例とみられるが、袴田さんが高齢であるうえ、再審請求審の行方が不透明なことによる精神的な負担に配慮する必要があると考え、人道的な見地から行動を起こしたという。

要請当日は袴田さんの84歳の誕生日だった。

袴田さんの弁護団は再収監を阻止して袴田さんの命を守ることを最優先に、2019年3月に恩赦（刑の執行免除）を出願。2020年1月には新天皇即位に伴う特別基準恩赦（同）にも出願している。

議連の要請書は「袴田氏に『刑の執行の免除』が認められるべきことは恩赦願書などで述べられている通りで、（願書の提出を受けた）静岡地検検事正も中更審への上申にあたり『恩赦相当』の意見を付したものと期待している」との見解を表明。中更審に対し「更生保護法による関係人への審問を行うなど、必要な調査を慎重かつ十分に実施したうえで、公正な判断を」と求めるとともに、「前例にとらわれることなく、法務大臣に対し恩赦を実施すべき旨の申出をするよう要請する」と結んでいる。

要請には、議連会長の塩谷立・衆院議員（自民）らが参加。議連メンバーは「昨年3月の恩赦出願から1年近くが経っている。袴田さんは高齢でもあり、速やかな手続きが必要だ」「袴田さんは逮捕されてから半世紀近く勾留されており、再収監のおそれがあるのは心理的に良くない」などと発言した。同席した弁護団の戸舘圭之弁護士は「釈放されて平穏に生活している現実がある。再審請求とは別であり、公平や正義回復の観点から恩赦を考えていただきたい」と強調した。

袴田事件をはじめ冤罪事件の教訓を生かそうと、冤罪被害者らが中心になって再審法制の改正を目指す活動を本格的に始めた。

◇　◇　◇

5　冤罪被害者らが「再審法改正をめざす市民の会」を結成、証拠の全面開示を求める（2019年5月20日）

再審（裁判のやり直し）の審理手続きを法制化しようと、冤罪被害者や弁護士らが「再審法改正をめざす市民の会」を結成した。法規定がないために、審理の方法や証拠の取扱いが裁判官の裁量で異なったり（再審格差）、検察が再審開始を不服申立て（抗告）で阻止しようとしたり（再審妨害）している現状を問題視。今後、刑事訴訟法の改正要綱を作るとともに、国会での議員立法へ向け超党派議員連盟の設立を働きかける。

(1) 「不正義がまかり通っている」

結成集会が2019年5月20日に東京・永田町の国会議員会館で開かれ、約160人が参加した。当面は、①再審のための証拠の全面開示、②検察の不服申立て禁止、③再審手続きの整備――を中心テーマに据えて活動するとした会則を承認。共同代表に、映画監督の周防正行氏、冤罪被害者の青木恵子氏（東住吉事件）と櫻井昌司氏（布川事件）、元裁判官の木谷明弁護士、元日本弁護士連合会（日弁連）会長の宇都宮健児弁護士ら7人が就いた。

共同代表の村井敏邦・一橋大名誉教授は「再審は誤判救済の制度だと明らかにするために法改正が必要だ」と強調。周防氏は「今の法律は『再審ができます』と言っているだけで、その後の手続きは決められていない。そのために不正義がまかり通っていることを、国会議員には理解してほしい」と述べた。

また、木谷氏は裁判官時代の経験をもとに「再審請求は裁判所内で審理を進めるよう催促されることもないので、裁判官は平気で寝かせておく。せめて『何カ月以内に何をする』といった審理の方法を裁判官に強制する法制度が必要だ」と指摘した。

(2) 袴田さんの弁護団長が問題点を指摘

集会では、袴田巖さんの弁護団長を務める西嶋勝彦弁護士が講演。審理手続きの規定がないことで、再審請求をした際に、①進行協議の場が保障されず、協議が実施されても記録化されない、②証人や鑑定の申請に対する裁判所の応答が義務づけられていない、③手続きが非公開のため当事者やマスコミには進行状況や内容が分からず、監視の目も届かない――といった弊害を列挙し、「裁判所と検察官の恣意を許している」と語気を強めた。

さらに、袴田事件では第2次再審請求審になってようやく、取調べの録音テープや約600点の初期捜査記録が開示されたことに触れて「有罪の立証を終えた検事に未提出の証拠を隠す理由も必要性もない」と批判し、全面的な証拠開示、最低でも証拠リスト開示の規定を置くよう求めた。

参加者の耳目を集めたのは、鹿児島県で1979年に起きた「大崎事件」の鴨志田祐美・弁護団事務局長の発言だ。殺人罪が確定し懲役10年の刑期を終えた原口アヤ子さん(91歳)に対し、2002年以降、高裁と地裁で計3回の再審開始決定が出たものの、いずれも検察が抗告したため確定せず、現在も最高裁で審理が続く。

「原口さんは6月15日で92歳になるが、検察の理由のない引延しによって、事件から40年経っても救われていない。再審制度不備の悲劇だ」と力を込め、「今年を再審法改正元年に」と訴えた。

◇　◇　◇

袴田さんの弁護団は最高裁へ、主張を補充する書面を相次いで提出した。最高裁の問題意識や審理の動きが全く見えない中で、考えつくテーマをがむしゃらに繰り出したというのが本当のところのようだ。弁護団はある意味で追い詰められており、苦しさも感じていたと思う。

6 袴田巖さんの右肩の傷めぐり「新証拠」、弁護団が最高裁へ補充書（2019年6月7日）

袴田巖さんの弁護団は2019年6月7日、犯行着衣とされた「5点の衣類」に関する新たな証拠を最高裁第3小法廷へ提出した。装着実験によって、犯行時にできたとされる袴田さんの右肩の傷と5点の衣類のシャツの穴の位置が明らかにずれていることを確認したとして「5点の衣類が捏造だったことを裏づける」と改めて主張している。また、捜査段階の取調べ録音テープをもとにした供述分析の補充書も同年7月4日に出した。

(1) 傷を測定しシャツの装着実験を実施

5点の衣類は、事件発生から1年2カ月後に、現場そばの味噌工場の醸造タンクから味噌に漬かった状態で見つかった。死刑判決は、そのうちの半袖シャツ（下着）の右肩に付いた血痕の血液型などをもとに袴田さんの犯行時の着衣と認定し、傷とシャツ右肩の穴は袴田さんが被害者と格闘した際にできたとされてきた。

しかし、袴田さんの弁護団は、①半袖シャツ右肩の2つの穴（直径2・5ミリと3ミリ）やその周囲の血痕と袴田さんの傷の位置が合わない、②5点の衣類が発見されるまで犯行着衣とされていたパジャマの右肩にも損傷があり、血が付いている――などと疑問を提示してきた。袴田さんは「パジャマを着て（事件に伴う火事の）消火活動をしている時に右肩にけがをした」と供述し、事件や5点の衣類との関わりを否定。弁護団は「半袖シャツの血痕は右肩の傷によるものではなく、捏造された」と主張してきた。

静岡地裁の再審開始決定を受けて袴田さんが2014年に釈放されたことで、実際に右肩を見ることが可能になった。長さ1・5センチの傷は今も残っており、袴田さんが暮らす静岡県浜松市の支援者が傷を測定したうえでシャツの装着実験を行い、報告書にまとめた。弁護団はこれをもとにした特別抗告理由補充書を最高裁へ提出した。

(2) シャツの穴と傷の位置に明らかなずれ

装着実験では、証拠開示された5点の衣類のカラー写真や判決文に付されたイラストの寸法をもとに、用意した半袖シャツとスポーツシャツの同じ位置に穴や損傷の印を付けた。袴田さんに半袖シャツを着てもらい傷の位置をシャツに記入すると、2つの穴とは明らかにずれていた。スポーツシャツの損傷も、半袖シャツの穴や袴田さんの傷の位置と離れていることが確認された。補充書は「袴田さんの実際の傷の方向と半袖シャツの穴の並びが全く一致していない」

ことにも触れている。

また、証拠を閲覧した弁護団が撮影した写真をもとに、パジャマのカギ裂きの損傷（5・5センチ×3センチ）を再現したところ、損傷の起点と袴田さんの傷の端が相応していることが分かった。弁護団は補充書で「右肩の傷は、パジャマが破れた時にできた傷と判断することがごく自然」と強調した。

実験をした支援者は「半袖シャツの穴と傷の位置はずれているのだから、血が穴の周囲にしか付いていないのはおかしい」と話している。弁護団は補充書で、今回の実験結果が「5点の衣類が捏造であることを示す客観的証拠」と結論づけ、「DNA鑑定などの証拠の正しさや、袴田さんの主張の正しさを裏から支える」とも訴えている。

これに対し検察は2週間後に、支援者の報告書が再審の要件を満たさないと主張する意見書を出した。袴田さんの傷と衣類の損傷との位置関係については確定審や再審請求審で「ほぼ同一の内容の証拠が取り調べられて（裁判所の）判断がすでに示されている」としている。

裁判所はこれまで、半袖シャツの穴の位置が袴田さんの傷と合わないことには「概ね一致している」「ずれはわずか」、パジャマの損傷と傷が相応することには「袴田さんが後刻、損傷を作出することは可能」などと理屈づけている。

(3) 録音テープをもとに取調べの手法を非難

一方、弁護団が7月4日に最高裁へ提出した供述分析の補充書は、第2次再審請求審で開示された計24巻の取調べ録音テープ（約46時間分）をもとに、死刑を言い渡した一審判決が45通の供述調書のうち唯一証拠に採用した検事調書について「警察での取調べの影響力が完全に遮断されていたとは到底言えず、任意性に強い疑いが生じる」との見方を示した。

また、録音テープによって「逮捕当初から袴田さんを犯人と決めつけ、本人の供述を無視し、ひたすら自白や謝罪、反省までも執拗に迫っていた生々しい状況が明らかになった」と分析した。「自白調書の作成順序の入替えや、取調官らの公判での虚偽証言がなされていた」とも指摘。こうした取調べの手法が「本件の捜査全体に通底する不適正さを疑わせ、ひいては捏造にも容易に手を染めかねないとの疑念を抱かせるのに十分」と主張した。

東京高裁の再審請求棄却決定は、取調べ録音テープと浜田寿美男・奈良女子大名誉教授（心理学）による供述鑑定書・鑑定意見書について、再審開始の要件である「無罪を言い渡すべき明らかな証拠」とは評価しなかった。だが、弁護団は補充書で、これらが「犯行が袴田さんによるとの事実認定に合理的な疑いを生じさせる重大な証拠であるばかりか、積極的に袴田さんの犯人性を否定し無実であることを明らかにする証拠である」と反論している。

7 死刑判決を支えた検事調書の「作成日は虚偽」、弁護団が最高裁に補充書（2020年7月8日）

袴田巖さんの弁護団は2020年7月8日、死刑判決が供述調書の中で唯一証拠と認めた検事調書の作成日が「虚偽」だと主張する特別抗告申立理由補充書を、最高裁第3小法廷へ提出した。同じ日付の起訴状と整合性が取れない箇所が複数あることなどを根拠に挙げており、改めてただちに再審を開始するよう求めている。

(1) 確定審は供述調書のうち1通だけを証拠採用

確定審の静岡地裁判決（1968年）は、警察官による28通、検事による17通の供述調書のうち、警察官調書のすべてを「極めて長時間の取調べで任意性に疑いがある」として、検事調書のうち16通を「起訴後の取調べで違法」として、いずれも証拠から排除した。しかし、起訴前の検事調書1通だけは証拠能力を認め、犯行のストーリーに反映させた。物証が乏しい中で「自白」が死刑判決の拠り所になった。

袴田さんは1966年8月18日に逮捕されて以来、犯行を否認していたが、過酷な取調べを受け9月6日になって「自白」した。証拠採用された検事調書は勾留期限の9月9日付で、同日深夜、袴田さんは強盗殺人罪などで起訴された。

(2) 殺害の順番や場所が起訴状と相違

弁護団が疑問視するのは、被害者4人の殺害の順番だ。起訴状では夫の後に「妻→長男→次女」となっているが、検事調書では「次女→長男→妻」になっており、検察の冒頭陳述でも検事調書と同じ順番とされた。妻が最後になったのは、3人の中で現金が入った布袋を持ち出して犯人に投げ渡すことができたのは妻だけだったのに、最初に殺害されたのではつじつまが合わないためとみられる。

補充書は、起訴状の殺害順が、袴田さんが犯行を「自白」した9月6日付の警察官調書と同じことに着目。「犯行態様に直接かかわる重要な事実」が起訴状と検事調書で違っているのは、実際には9日までに「布袋持ち出し」に関する供述がなかったためで、「起訴状作成時点では検事調書はまだ作成されていなかったと考える以外にない」と主張した。

弁護団は、被害者が刺された場所も起訴状と検事調書で異なっていると指摘した。起訴状は夫以外の3人が「居間」で刺されたとしているが、検事調書では次女は「ピアノの間」、妻と長男は「奥八畳間（寝室）」とされており、食い違っている。「居間」という曖昧な言葉は他の供述調書や検証調書にも出ておらず、弁護団は「起訴時点では夫以外の3人を刺した部屋が特定できなかったため」との見方を示した。

(3)「自白」が不自然に変遷

また、現金が入った布袋の強盗罪について、起訴状には犯罪行為の場所や具体的方法が書かれていないことも問題視した。検事調書には「仏壇のある部屋で現金などが入った3個の布袋を強取した」旨の記載があるため、起訴段階では検事調書は存在せず、袴田さんもそうした供述をしていなかったことを裏づけるとみている。

さらに、奪った3個の布袋のうち2個を落としていることに気がついた時点をめぐっても、「自白」は不自然に変遷しているという。検事調書は「放火後、最後に被害者宅の裏口を出る直前」となっているが、この取調べの前と後に取られたはずの9月9日付の2通の警察官調書はともに「被害者を刺した後、放火に使う混合油を取りにいったん工場に戻った時」となっている。同じ日の取調べで供述内容がA→B→Aと変わったことになり、補充書は「きわめて不自然な状況で到底考えられない」と批判した。

布袋を落としていることに気づいた時点について、検事調書と同様の供述は9月18日付の警察官調書にならないと出てこないことから、弁護団は「検事調書は9月18日以降に作成されたのではないかと考えられる」と見立てた。そして「検察官によって虚偽の日付が記入されたか、いったん作成された後に虚偽の日付に改ざんされた」とし、「日付の記載が虚偽であることは間違いない」と強調した。

(4) 検事は内容のある自白調書が欲しかった

弁護団は改ざんの理由について、袴田さんの「自白」から勾留期限まで3日余りしかなく、検事は起訴までに「何としても内容のある自白調書が欲しかった」と推測している。この時点では後に犯行着衣とされる「5点の衣類」は発見されておらず、袴田さんと犯行を結び付ける有力な物証はなかった。

ちなみに、袴田事件では今回の第2次再審請求審になってから、取調べを録音した計25巻のテープが開示されたが、9月9日付の検事調書に該当する取調べをはじめ「自白」から起訴に至る9月6～9日のものは、ほとんど入っていないという。補充書は「警察や検察は取調べや調書作成の実態を今でも隠そうとしており、かえって供述調書の改ざんの可能性をうかがわせる」と非難している。

こうした点を踏まえて弁護団は、この検事調書は実際には起訴後に作成されたもので、本来なら一審判決で他の検事調書と同様に「証拠から排除されたはず」と分析した。また、検事が調書の作成日を偽造したのは有印虚偽公文書作成・同行使罪に当たり、刑事訴訟法435条7号が定める「原判決の証拠となった書面を作成した検察官が被告事件について職務に関する罪を犯したこと」との再審事由に該当すると立論している。

弁護団は補充書とともに、この検事調書を作成した元検事と元検察事務官の2人を証人尋問するよう求める「事実取調べ請求書」を最高裁へ提出した。

一方、弁護団は検事調書と同時期に作成された警察官調書についても、改ざんされた疑いを指摘した。根拠としたのは契印の不整合で、とくに9月7日付の警察官調書には、右側と左側の印影が合わなかったり片側だけにしか契印がなかったりする箇所があるという。補充書は9月7〜9日付の警察官調書に対して「9月9日付の検事調書とできるだけ内容が整合するように日付も内容も改ざんされている可能性がある」との見解を記している。

8 味噌漬け衣類の「色」への高裁判断は「極めて杜撰」、弁護団が最高裁に補充書（2020年11月9日）

袴田巖さんの弁護団は2020年11月9日、静岡地裁の再審開始決定が「無罪を言い渡すべき新規・明白な証拠」と認めながら東京高裁が覆した「味噌に漬かった衣類の色」の問題について、特別抗告の申立理由補充書を最高裁第3小法廷へ提出した。「色」問題に対する高裁の判断を「経験則に反し、極めて杜撰であり、非科学的、非論理的、非常識的と言え、明白に誤っている」と強い言葉で非難し、地裁決定の通り新証拠として採用するよう求めている。

(1) 弁護団実験への評価は地裁と高裁で割れる

事件発生の1年2カ月後に、現場そばの味噌工場の醸造タンク底部から味噌に漬かった状態で見つかった「5点の衣類」の発見直後の写真を見ると、衣類への着色は薄く、血痕の赤みも識別できる。しかし、弁護団が支援者の協力を得て、同様の衣類を最長1年2カ月間、味噌に漬ける実験をしたところ、衣類はもとの色が分からないほど味噌の色に濃く染まり、血痕の赤色も判別できなくなった（口絵写真を参照）。

静岡地裁は、この実験結果を再審開始の要件である新証拠の1つと認定。5点の衣類が「1年以上、味噌に漬かっていたとするには不自然」との見解を示すとともに「捏造された疑い」にも言及した。これに対し東京高裁は、①発見直後の写真は、色の劣化や撮影の露光オーバーで正確に色合いを表していない、②長い期間、味噌に漬かっても血痕の赤みが全く残らないとは言えない、③衣類を投入した時にタンクに入っていた味噌が、後から仕込まれた大量の味噌と混ざったために着色が薄くなった——と理屈づけて地裁の判断を否定した。

(2) 発見直後の写真で大まかな色合いは把握できる

弁護団は最高裁に特別抗告した後、「色」の問題で新たに、専門家に意見書を依頼したり味噌を使った再現実験を実施したりした。これらをもとに今回の補充書を作成した。

補充書はまず、5点の衣類の発見直後に警察が撮影したカラー写真の証拠価値を取り上げた。静岡地裁の決定は「大まかな色合いの傾向を把握する」という範囲で写真の証拠価値を認めていたが、東京高裁はその範囲であっても「不適当な資料」と断じていた。

補充書は、三宅洋一・千葉大名誉教授（画像処理）の意見書をもとに、発見直後の5点の衣類の写真に「退色は認められるものの、色の情報は残されている」と分析。当時としては最高級のカメラが使われ、最高水準のプリント技術が用いられていたことを挙げて「自然に近い色再現がなされていた」と強調した。また、露光については「部分的にオーバーになってしまっていても、すべての部分で露出オーバーになっているわけではない」と反論し、これらの点から「5点の衣類の大まかな色合いの傾向を把握できる」と主張した。

(3) 温度が上がればメイラード反応は促進される

衣類の血痕の色合いに関して、弁護団は高裁の審理で花田智・首都大学東京（現・東京都立大）

教授（環境微生物学）の意見書をもとに、血液中のたんぱく質と味噌の米麹が生成する糖が結合して褐色化する「メイラード反応」によって血痕は黒色に近くなると論理展開した。しかし高裁は、醸造タンクに光が入らないことや、あとから仕込んだ8トンの味噌の圧力、気温の影響を挙げて「メイラード反応はさほど進行していなかった」と受け入れなかった。

補充書は、花田氏らの意見書をもとに「メイラード反応には基本的に光は関係しない」と批判。あとで仕込まれた8トンの味噌の圧力に対しても、1平方センチごとにすれば200グラムの重量にしかならないのを過大評価しているうえ、圧力がかかって温度が上がればむしろ「メイラード反応が促進される」と高裁判断の矛盾を突いた。また、当時の気象データなどから「タンク内部温度が相当上がり、メイラード反応も進んだものと推測できる」と立論した。

(4) 新しく仕込んだ味噌が混ざることはない

もう1点の「新しい味噌が混ざって味噌の色が薄くなった」との論点では、検察が提出した東和男・東京農業大助教（醸造学）の供述調書に「色の濃い残存味噌は、大量の仕込み味噌の色に飲み込まれて次第に色が淡くなっていく」とあり、高裁はこの説明を採用した。

これに対し弁護団は補充書で、東氏が根拠とする実験が「本当に行われたのかどうかを裏づける資料すら全く提出されていない」「どのような条件の下で行われたのかも全く明らかになっていない」と疑問を呈した。さらに、東氏の証人尋問も経ずに「信用性を盲目的に肯定」した高裁の判断を「極めて不当」「著しくアンフェアで恣意的な認定」と激しく非難した。

弁護団は特別抗告後の２０１８年９月～２０１９年８月に、残存味噌と新たに仕込む味噌の重量比を当時の醸造タンクの状態（１：１００）に合わせて、再現実験を実施した。その結果から、補充書で「もとの味噌と仕込み味噌が混ざることはない」と指摘。また、仕込み味噌の「たまり」（発酵・熟成中にできる液体）がもとの味噌に染み込む様子は確認できなかったとして、この点からも残存味噌が仕込み味噌に飲み込まれることはないと力説した。

これらを踏まえて補充書は「（タンク底部の）残存味噌の色は熟成が進み、茶色を通り越して黒に近い色だったはずだから、（底部で見つかった）５点の衣類は黒に近い茶色に染まっていなければならないはずなのに、写真の５点の衣類の色合いは着色の程度が薄すぎて、極めて不自然と言える」と改めて結論づけている。

(5) さらなる補充書の提出を準備

最高裁に特別抗告してから、弁護団が提出した補充書は９通になった。西嶋勝彦・弁護団長は記者会見で「さらなる補充書の提出や証拠開示の請求も予定している」と説明。地裁が「衣類の色」とともに新証拠と認めながら高裁が判断を逆転させたＤＮＡ鑑定をめぐっては、海外の研究機関に協力を要請していることを明らかにした。

来日するローマ教皇に袴田巖さんと面会してほしいと、弁護団や姉の秀子さんが要請した。袴田さんの現況を世界へ発信することにつながる、と考えた。

◇　　◇　　◇

9　袴田巖さんがローマ教皇のミサに参加、個別の面会・接触はかなわず（2019年11月25日）

袴田巖さんが2019年11月25日、来日したローマ教皇フランシスコのミサに参加した。姉の秀子さんとともに招待を受けて東京ドームを訪れ、約5万人の信者らと厳粛なひとときを共有した。希望していた教皇との個別の面会や接触はかなわなかった。

(1)　熱気を肌で感じた様子

袴田さんは死刑判決が確定（1980年）した後、1984年12月に東京拘置所で洗礼を受けた。2014年に静岡地裁が再審開始決定を出して47年7カ月ぶりに釈放されたが、2018年には東京高裁が一転、再審請求を棄却したこともあり、世界規模の世論喚起につなげたいと

ローマ教皇のミサに参加した後、記者会見に臨む袴田巖さん（中央）。左は姉の秀子さん、右は西嶋勝彦・弁護団長＝2019年11月25日、東京・霞が関の弁護士会館（撮影／小石勝朗）

教皇来日へ向けて秀子さんや弁護団、支援者らが面会を働きかけてきた。

当日、姉弟は前から6列目の席でミサに参列した。袴田さんはスーツに蝶ネクタイ、山高帽と黒色でコーディネート。教皇が車に乗って場内を回った時には皆と一緒に立ち上がり、小旗を振っていたという。途中でミサが終わったと勘違いして帰ろうとする場面もあったが秀子さんが引きとめ、結局、静かに最後まで会場にいて、信者の熱気を肌で感じた様子だった。ただ、東京ドームに入るまで秀子さんはミサに行くと説明しておらず、袴田さんがどこまでミサを認識していたかは分からない。

秀子さんによると、日本カトリック司教協議会から静岡県浜松市の自宅に2人のミサ招待状が届いたのは11月20日の夕方だった。2人は翌21日に上京。22日にイタリアのカトリック系団体が東京都内で開いた「共に死刑を考える国際シンポジウム」に出席した後、そのまま東京に滞在してミサに備えたようだ。

袴田さんの再審請求に当たっている西嶋勝彦・弁護団長や秀子さんによると、姉弟の事前の行動を公表しないように同協議会から強く求められていた。このため22日のシンポジウムの際には、執拗にミサ参加の予定を聞き出そうとするマスコミに対し、普段は冷静に応対する秀子さんが珍しく不快感を表に出す場面もあった。西嶋氏自身もミサに同席させてほしいと協議会と交渉したが、認められなかったという。

(2) 袴田さんの現状が世界に発信された

教皇との個別の面会や接触は、なぜ実現しなかったのだろうか。

現教皇は「例外なき死刑反対」を明言しており、袴田さんと個別に面会や接触をすれば、日本が死刑執行を続けている状態が世界に発信されることになる。また、教皇はミサの後に安倍晋三首相と会談することが決まっていたため、その際に「死刑」が話題に出る可能性がある。翌年に東京五輪・パラリンピックを控え国際的なイメージダウンを避けたい日本政府から水面下で要請があったのか、あるいは、日本の受入れ側がそうした事情を忖度した結果ではなかったのか、との見方が支援者の中にはある。

それでも、袴田さんのミサへの参加には一定の意義があった、と弁護団や支援者は受けとめる。ミサ後に姉弟と記者会見した西嶋氏は「教皇と直接言葉こそ交わせなかったが、すぐそばへ行ってミサを受けることができた。招待されていることが世界に発信され、『死刑囚がまちを歩いている』という世界に例を見ない現状が広く知れ渡った。日本の司法界もこうした影響を無視して事を進めるわけにはいかないだろう」と語った。

◇　◇　◇

袴田さんに死刑を言い渡した一審・静岡地裁の主任裁判官だった熊本典道《のりみち》さんが死去した。裁判官3人の合議で「無罪」を主張したものの2対1で敗れ対極の死刑判決を起案したと、判決から40年近く経って告白し、以後、独自の支援活動に取り組んできた。亡くなったのは、最高裁が決定を出す1カ月半前のことだった。

10 確定審の一審で「無罪を主張した」裁判官、熊本典道さんが逝去（2020年11月11日）

袴田巖さんの確定審で一審・静岡地裁の主任裁判官だった熊本典道さんが2020年11月11日、福岡市の病院で死去した。83歳だった。退官後の2007年に「私は無罪を主張したが2

対1で有罪に決まった」と死刑判決の内幕を告白していた。

(1)「告白」に感情を高ぶらせる場面も

熊本さんが「袴田巖さんの再審を求める会」に自筆の手紙を寄せたのは、2007年1月のことだ。「判決の日から今日まで心痛はつづいています」と気持ちを吐露。合議の経過と自分が無罪を主張した理由を挙げ、「有罪の結論の3分の1と、他の2名の先輩（裁判官）を説得しえなかった責任は免れえず、そのまま今日に至ったことは残念でなりません」「できれば早く（袴田さん姉弟の）2人に謝罪をしたい一心です」と綴っていた。

静岡で新聞記者をしていた私は同年2月、支援者に同行して福岡市で熊本さんに面会した。目の前に現れた小柄な男性は気難しそうな風貌で、どこか思い詰めたような雰囲気。その時すでに一審判決から40年近くが経過しており、判決内容の記憶が曖昧なところがあったのはやむを得ないとしても、話が脈絡なく無関係の内容に飛ぶ場面もあった。身元を証明するものを持っておらず、「本当に裁判官だった熊本さんなのか」と半信半疑だったことを覚えている。

ただ、この事件と袴田さんへの思いの強さは垣間見られ、「告白」の最中も声やしぐさにしばしば感情の高ぶりが表れていた（この時の詳しいやり取りは、拙著『袴田事件　これでも死刑なのか』に収録しています）。

(2) 最初の印象は「私たちが裁かれている」

熊本さんは1966年12月に静岡地裁へ異動し、袴田さんの公判を第2回から担当した。改めて罪状認否をしてもらい、袴田さんがブスッとして「やっていません」とだけ答えて釈明しない様子を見て「おかしい」と直感。閉廷後に裁判長に「私たち3人（担当裁判官）の方が裁かれているんですね」と印象を語ったという。

告白後、支援団体の記者会見に参加する熊本典道さん＝2007年6月（撮影／小石勝朗）

袴田さんは逮捕から起訴まで1日平均12時間、最長で16時間超もの取調べを受けており、自白の任意性に疑問を持った。刃渡り13センチほどの小刀だけで、しかも単独で、4人を殺害できるのか。これだけの事件を起こす動機があったのか。逃走経路とされる裏木戸は留め金がかかっていたのに通れたのか――。精査するほどに疑念は募り、3人の裁判官による合議で熊本さんは「無罪」を主張した。

しかし、他の2人は有罪を唱え、説得を試みたものの実らず、判決は「死刑」に決まる。その理由として、熊本さんは「マスコミの犯人視報道の影響」を挙げていた。

主任の熊本さんは「無罪」の心証を持ちながら、対極にある「死刑」の判決文の起案を余儀なくされた。いったんまとめた「無罪」の文章を、全面的に書き直したという。抵抗の証しとして判決に「付言」を設け、「実体真実の発見」と「適正手続きの保障」の観点から捜査のあり方を厳しく批判。警察と検察による計45通の供述調書は、1通を除いて証拠採用しなかった。

言渡しは1968年9月。判決を聞いて「ガクッと肩を落とした袴田君の表情は忘れられない」と述懐していた。

(3) 心情に反する死刑判決が大きなトラウマに

自らの心情に反する死刑判決を書いたことが、熊本さんの大きなトラウマとなった。判決の半年後に裁判官を辞めて弁護士に転身したが、酒に溺れたり自殺未遂を起こしたりもしたようだ。「袴田君の一生を潰したことになる」との自責の念が常につきまとった。70歳を目の前に「一生重荷を背負ったままではいたくない。同じ世代の最高裁判事が現役でいるうちに」と考え、事実を公表しようと決断した。

判決に至る評議の内容を告白したことに対しては、読売新聞などから強い批判を受けた。裁判所法違反との指摘もあったが、裁判官が評議の秘密を明かしても法律上の罰則はなく、とくに退職後については守秘義務の規定自体がない。冤罪が疑われ続けた死刑事件だけに、熊本さんの告白に大きな公益性があったことは間違いないだろう。

告白後、袴田さんの第1次再審請求が係属していた最高裁へ陳述書を提出した。自分が起案した判決を覆すために再審開始を求めるという異例の行動だった。袴田さんが収監されていた東京拘置所を訪れ、面会を申し込んだこともあった。支援者とともに独自の活動を続けた。

(4) 裁いた側にも大きな傷

「袴田巖さんを救援する清水・静岡市民の会」事務局長の山崎俊樹さんは、2007年以降、熊本さんと交流を続けてきた。告白の意義をこう分析する。

「評議が分裂しており、死刑判決は多数決で下された事実が明らかになりました。冤罪に加担することを拒否した熊本さんの存在を、その後の救援運動に反映できたことは大きかった。新聞報道が裁判官の心証形成に影響し、熊本さん以外の裁判官は報道の刷り込みを受けていたことも分かりました」

しかし、酒に溺れた後遺症が残る熊本さんは、もはや法律家としての能力を発揮することができない状態だった。再審請求の有力な「武器」とはなり得ず、支援者として告白がもっと早ければとの思いを抱きつつも、山崎さんは「袴田さんに死刑判決を下した負い目を常に感じていたのでしょう。何かをしなければという思いと、何もできない現実。そのギャップが明らかに熊本さんの心の重荷になっていた」と推し量る。

「殺された4人の被害者だけでなく、裁いた側も裁かれた側も心に大きな傷を負った悲劇とか言いようがない。改めて捜査権力の凶悪な仕打ちと、それを支える日本の司法制度の残酷な存在を糾弾せざるを得ません」

(5) 最期までこの事件を気にかけていたのか

熊本さんは体調を崩して数年前から入院生活を送っていた。静岡地裁の再審開始決定で釈放された袴田さんと2018年に約50年ぶりで悲願の再会を果たしたが、病院のベッドに横たわったままだった。

亡くなる直前の11月3、4日、山崎さんは袴田さんの姉の秀子さんと共に熊本さんを見舞った。最初は意識が朦朧としていたが、秀子さんが声をかけるとはっきり認識した反応を見せ、何かを言おうとしきりに口を動かしていたという。最期まで、この事件のことを気にかけていたのかもしれない。

◇　◇　◇

最高裁の決定は、やはり突然だった。高裁への差戻しという結論はともかく、5人の裁判官のうち2人は再審開始を求める反対意見を述べており、弁護団や支援者の間にはやりきれない思いも残った。

11 最高裁が再審棄却決定を取り消し高裁へ差し戻す、2人の裁判官は「再審開始」を主張（2020年12月22日）

袴田巖さん（84歳）の第2次再審請求について、最高裁判所第3小法廷（林道晴裁判長、戸倉三郎裁判官、林景一裁判官、宮崎裕子裁判官、宇賀克也裁判官）は2020年12月22日付で、東京高裁の棄却決定を取り消し、審理を同高裁へ差し戻す決定をした。5人の裁判官のうち2人は再審請求を認めるよう主張。3対2で結論が決まる異例の決定となった。

(1) 差戻しの理由は味噌に漬かった血痕の色合い

今回の決定で最高裁は、袴田さんの弁護団が挙げた申立理由が憲法違反や判例違反には当たらず特別抗告の要件を満たさないとしながら門前払いせず、静岡地裁が再審開始に必要な「無罪を言い渡すべき新規・明白な証拠」（以下、新証拠）と認定した2点について「職権により判

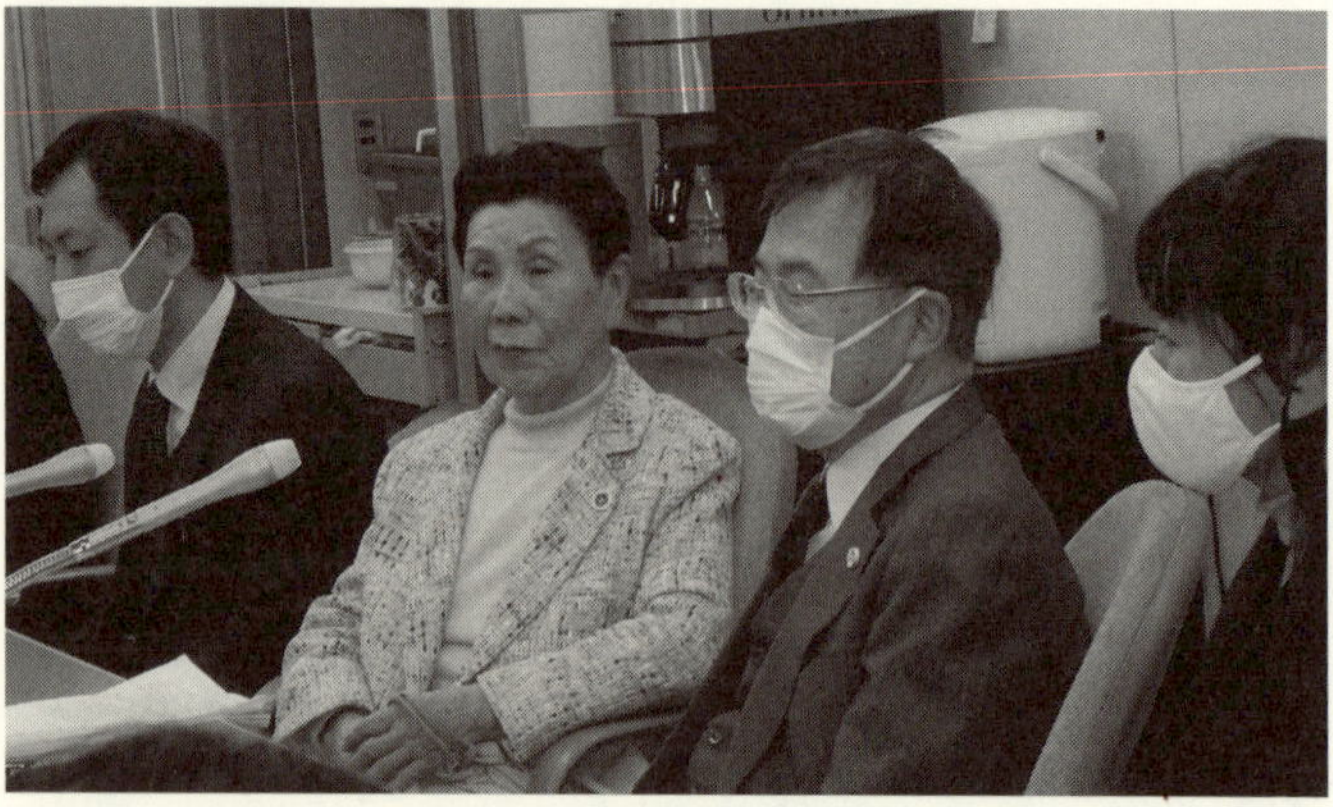

最高裁の決定を受けて記者会見に臨む袴田巖さんの姉・秀子さん（中央左）、弁護団の小川秀世・事務局長（同右）ら＝2020年12月23日、静岡市葵区（撮影／山崎俊樹）

断する」とした。

差戻しの理由に挙げたのは、そのうちの1つで、死刑判決が袴田さんの犯行着衣と認定した5点の衣類の「色」についての新証拠だ。中でも、付着した血痕の色合いを核心と見立てた。

5点の衣類は事件発生の1年2カ月後に、現場そばの味噌工場の醸造タンクから味噌に漬かった状態で見つかった。発見直後に撮影されたカラー写真を見ると、長期間味噌に漬かっていたにしては衣類の着色は薄く、血痕もはっきり識別できる。発見当時の調書や鑑定書には、血痕が「濃赤色」「濃赤紫色」「赤褐色」と表現されていた。

そこで、弁護団が支援者の協力を得て同様の衣類を最長1年2カ月間、味噌に漬ける実験をすると、衣類はもとの色が分からないほど味噌の色に濃く染まり、血痕の赤色も判別できなくなった。静岡地裁はこの実験結果を新証拠と認定し、5点の衣類が「1年以上、味噌に漬かっていたとするには不自然」との見解を示すとともに、捜査機関が発見直前にタンクに投入した「捏造の疑い」にも言及していた。

弁護団は東京高裁の審理で、味噌に漬かった血痕は血液中のたんぱく質と味噌の米麹が生成する糖が結合して褐色化する「メイラード反応」によって黒色に近くなる、とする花田智・首都大学東京（現・東京都立大）教授（環境微生物学）の意見書を新たに提出した。しかし、高裁はこの意見書を審理のテーマにしないまま、醸造タンクに光が入らないことや、後から仕込んだ8トンの味噌の圧力、気温の影響を挙げて「メイラード反応はさほど進行していなかった」と受け入れなかった。結局、味噌漬け実験の証拠価値を否定し、再審請求棄却の決定を導いていた。

(2) 専門的知見に基づく検討が必要

最高裁決定は弁護団の味噌漬け実験について、醸造タンクで仕込んでいた味噌よりも濃い色の赤味噌が使われていると味噌工場の元従業員が証言していることを引いて「5点の衣類を発見した当時のタンクの味噌の状態を正確に再現したとは言えない」とした高裁の判断を踏襲した。

一方で、検察の依頼を受けて中西宏明・順天堂大准教授（法医学）が高裁審理の段階で実施した衣類の味噌漬け実験に着目した。この実験でも弁護団の実験と同様に、衣類に付着させた血液の色が遅くとも30日後には黒くなり、5カ月後以降は赤みが全く感じられなくなったことに触れて「長期間、味噌漬けされたことが血痕の色に影響を及ぼし得る要因などについて、専門的知見に基づく検討の必要性を認識させる」との見方を示した。

花田氏の意見書については、血液に対するメイラード反応の影響の有無や程度などを具体的に示す実験結果や資料が証拠として提出されていないとして、弁護団の味噌漬け実験の結果と併せても「1年以上味噌漬けされた血液に赤みが残ることはないと、ただちに断定することは困難」としながらも、高裁では花田氏の意見書に対して専門的知見に基づく反論はされておらず、「意見書が不合理な内容であると断ずることもできない」と述べた。

そのうえで高裁の決定を「味噌の色だけを根拠にメイラード反応がさほど進行していなかったことがうかがわれるとしたもので、推論過程に疑問がある」「味噌漬けされた血液に対するメイラード反応の影響が的確に推測できないとしたのも、専門的知見について審理を尽くしたうえでの判断とは言いがたい」と批判。「味噌によって生じる血液のメイラード反応に関する専門的知見」について「審理不尽」を指摘し、「高裁決定を取り消さなければ著しく正義に反する」と結論づけた。

高裁の差戻審に対しては、メイラード反応をはじめ「味噌漬けされた血液の色調の変化に影響を及ぼす要因についての専門的知見の調査」を求めている。

(3) DNA鑑定は新証拠と認めず

一方で最高裁は、地裁・高裁で審理の焦点だった本田克也・筑波大教授（法医学）によるDNA鑑定の信用性を否定し、高裁決定に続いて鑑定結果を新証拠とは認めなかった。

本田氏の鑑定は、袴田さんが被害者ともみ合ってけがをした際に付いたとされる半袖シャツ右肩の血痕と、被害者4人の返り血とされた血痕のDNA型が、袴田さんの型や被害者の型とは一致しないと判定。静岡地裁は味噌漬け実験と共に新証拠に採用し、5点の衣類が袴田さんの犯行着衣だと断じた「死刑判決の認定に相当程度の疑いを生じさせる」として、再審開始決定の根拠にしていた。

最高裁は、DNA鑑定の対象になった5点の衣類や被害者の着衣には「血液由来のDNAが付着し残存しているとしても、極めて微量で変性・劣化している可能性が高い」と見立てた。また、本田氏の鑑定が行われるまでの衣類の保管状況などから、袴田さんや被害者のものではない「外来DNAに汚染されている可能性も相当程度ある」と位置づけた。そして、こうした事情による鑑定の「不安定性や困難性」をもとに、DNA型やその由来を正確に判定するのは「非常に困難な状況にある」と言い切った。

そのうえで、本田氏の鑑定結果に「外来DNAによる汚染を疑うべきものが複数存在」することなどを挙げて、「検出されたDNA型は血液由来のものと確定することができないうえ、型判定の正確性にも疑義がある」と判断し、本田氏のDNA鑑定結果の信用性を否定した高裁決定を支持した。

(4) 差し戻せばさらに時間をかけることになる

第3小法廷の5人の裁判官のうち林景一氏と宇賀克也氏の2人は反対意見を述べ、味噌漬け実験だけでなくDNA鑑定も新証拠と認定したうえで再審開始の決定を出すよう主張した。2人の裁判官は、静岡地裁の再審開始決定が「根幹部分と結論において是認できる」との見解を示し、「メイラード反応の影響などについて審理するためだけに高裁に差し戻して、さらに時間をかけることになる多数意見には、反対せざるを得ない」と記した。

多数意見が裁判官出身の2人と弁護士出身の1人によるものだったのに対し、再審開始を主張したのが外交官出身と学者出身の裁判官だったことは注目に値する。袴田事件に対する「法曹界の常識」はもはや社会的に通用しないと、外部の世界に身を置いてきた裁判官が体感していることの表れとみられるからだ。

(5) なお予断を許さない再審請求の行方

袴田さんの弁護団は最高裁の決定を受けて静岡市で記者会見し、小川秀世・事務局長は「非常にうれしい決定。味噌漬け実験の結果があれば、5点の衣類が1年2カ月も味噌に漬かっていたことに合理的な疑いが生じると言っており、『血液の色』に集中して立証・主張をすることで早く再審開始にもっていけると期待している」と語った。

今回の決定により地裁が出した死刑・拘置の執行停止が維持されることになり、当面、袴田さんが再収監されるおそれはなくなった。袴田さんの姉の秀子さん(87歳)は「巖は無実と思っているが、最高裁のこういう認定はありがたい」と笑顔を見せた。

ただ、今回の決定でただちに再審への道が開けたと受けとめるのは楽観的すぎるだろう。弁護団が重視してきたDNA鑑定の証拠価値を最高裁が否定したため、差戻し後の高裁での審理はメイラード反応をはじめ5点の衣類の「色」問題に絞られることが予想され、この部分で弁護団の主張が退けられれば再審請求が棄却される危険と背中合わせだからだ。

最高裁決定は、同じ味噌漬け実験でも弁護団のものよりも検察が依頼した中西氏のものを「醸造専門家の監修」などを理由に「5点の衣類が味噌漬けされた状況をより客観的に再現するための工夫がされた」と評価している。決定文には、検察が長期間味噌に漬かっても血痕に赤みが残る「可能性がある」ことを立証できれば足りる、とも解釈できる記述がある。差戻審で検察は、豊富な資金や組織力を駆使して専門家の意見書を繰り出してくることが予想され、再審請求の行方は、なお予断を許さない。

最高裁は再審請求の棄却が袴田さんの再収監や、場合によっては死刑執行に直結するため、自ら判断することを避け、先送りしたのかもしれない。過去には、死刑判決が確定した「名張毒ブドウ酒事件」の第7次再審請求が今回と似たような経緯をたどっている。いったん認められた再審開始を高裁の異議審が覆したものの、最高裁は審理を高裁に差し戻した。しかし高裁の差戻審は改めて再審請求棄却決定を出し、それを最高裁も追認したため、結局再審は実現しなかった。最高裁が差し戻してから棄却決定が確定するまで3年半を要した。

差戻審で専門家による鑑定や実験が行われることになれば、年単位の長期化が必至だ。袴田さんは2021年3月に85歳になる。迅速な審理が求められる。

第2章

「血痕の色」をテーマに差戻審で論戦、そして再審開始決定

最高裁判所の差戻し決定を受けて、再び東京高等裁判所で審理が始まった。いったん認められた再審開始を逆転で棄却され、落ち込んでいた袴田巖さんの弁護団や支援者は元気を取り戻した。

とはいえ、最高裁が差戻審に求めたのは、味噌に漬かった血痕の色が変化するメカニズムを科学的に解明すること。おそらくは誰も研究していない領域だけに、主張立証をどう組み立てるか、弁護団にとっても手探りが続いた。

1　第1回三者協議……差戻審の審理が高裁で始まる、5点の衣類の血痕の色合い変化を中心に（2021年3月22日）

1966年に静岡県で一家4人が殺害された「袴田事件」の第2次再審請求で、最高裁が差戻し決定を出したことに伴う東京高裁（大善文男裁判長）の審理が2021年3月22日、スタートした。高裁は、死刑判決が確定した袴田巖さん（85歳）の弁護団、検察との第1回三者協議で、犯行着衣とされた「5点の衣類」に付着した血痕の色合いの変化をテーマとする方針を明言。まずは検察が専門家の意見書を提出することになった。

(1)　弁護団「どんな場合でも血痕は黒くなる」

「メイラード反応その他の味噌漬けされた血液の色調の変化に影響を及ぼす要因についての専門的知見等を調査したうえで、その結果を踏まえて、5点の衣類に付着した血痕の色調が、5点の衣類が1年以上味噌漬けされていたとの事実に合理的な疑いを差しはさむかどうか判断させる」

非公開で約40分間行われた三者協議の冒頭、大善裁判長は最高裁の差戻し決定の一節を読み

最高裁の差戻し決定後、初めて公の場に姿を見せた袴田巖さん（左）。右は姉の秀子さん＝2021年１月31日、静岡市清水区（撮影／小石勝朗）

上げ、味噌に漬かった血液の色が変化する要因を科学的に裏づけることが審理の中心になると表明した。そのうえで、弁護団と検察の双方に主張立証の方針を尋ねた。

弁護団の西嶋勝彦団長は、三者協議に先駆けて3月19日に提出した意見書の概要を説明。最高裁決定を受けて弁護団が、①味噌に漬かった血液の色調が変化する要因や条件を学者らに聞いたが、専門的な知見の情報は見当たらなかった、②さまざまに条件を変えて改めて衣類の味噌漬け実験をしたが、どんな場合でも2週間以内に血痕は黒色か黒褐色になった――と指摘した。

そのうえで「検察官が主張立証すべきは（味噌に漬かった血痕の）赤みが消えないことがあり得るとの1点だ」と強調し、次回の三者協議までに検察の証拠が提出されなければ速やかに再審開始決定を出すよう高裁に求めた。

(2) 「赤みが残る可能性」に触れるよう指示

一方の検察は引き続き争う姿勢を鮮明にし、メイラード反応に関する弁護側の学者の意見書に反論する証拠を7月末までに提出する考えを示した。複数の専門家に意見書を依頼しているという。その後に次の証拠の提出を検討していることも明かした。

これに対し、弁護団は「味噌に漬かった血痕の色調が変化する要因は、メイラード反応のほかにも酸化や微生物の影響、味噌による染色などが想定され、その内容では足りない」と批判した。大善裁判長は「赤みが残る可能性があることには当然触れていただく」と検察に念を押したそうだ。

検察の意見書の提出時期についても、弁護団は「最高裁決定から3カ月が経過しており、あと2カ月もあれば十分だ」と主張した。検察は7月末とした理由を、コロナ禍の影響や、依頼した学者が所属する大学の異動の都合と説明。高裁は次回の三者協議を6月21日に設定し、その時点の状況を確認したうえで審理の進め方を詰めることにした。弁護団は、検察が新たな実験を計画しているかどうかただしたが、検察ははっきり答えなかった。

弁護団も、最高裁の決定以降に独自に実施した味噌漬け実験の報告書を、次回までに提出すると伝えた。たとえば、採血直後の血液を使ったり、極端に薄い色の味噌に漬けたりと、実験の条件を100以上に変えたそうだが、「赤みが残ることが確認されたのは一例もなかった」という。

弁護団は差戻し前の審理で、高裁が検察の持つ証拠のリスト(一覧表)開示を勧告したと主張し、改めて開示を求めた。また、5点の衣類が発見時に入っていた麻袋のカラー写真の開示を要求した。高裁は、リスト開示について検察に検討するよう促し、検察は「対応を考える」と答えたという。

(3)「検察に手詰まり感」との見方も

協議終了後、弁護団は記者会見し、こうした概要を説明した。

小川秀世・事務局長は「血痕に赤みが残る可能性があると検察が明らかにすべきで、差戻審ではこの点が最も重要だ」と強調した。検察がメイラード反応についての意見書しか準備していないのは、他の要因に関する立証が「できないと認識しているためではないか」として検察に手詰まり感があるとの見方を示し、審理の先行きに自信を見せた。

会見に同席した袴田さんの姉、秀子さん（88歳）＝再審請求人＝は、最近の巖さんの様子について「最高裁決定の後、街でかけられる言葉が『頑張ってください』から『良かったですね』に変わり、心境の変化があったようで明るくなった。出かける先も神社仏閣だったのが（支援者の）車で物見遊山に行くようになった」と紹介。「再審開始に期待している」と力を込めた。

2 第2回三者協議……弁護団が新たな味噌漬け実験の報告書を提出、「条件を変えても血液は必ず黒くなる」（2021年6月21日）

差戻審で審理の焦点となっている味噌に漬かった血液の色合いの変化を実証するため、袴田巖さんの弁護団は新たな「味噌漬け実験」を実施し、報告書を東京高裁へ提出した。布に付けた血液は、条件を変えて味噌に漬けても「4週間で必ず黒くなった」と主張している。犯行着衣とされた「5点の衣類」は、1年以上も味噌に漬かっていたはずなのに付着した血痕に赤みが残っていたが、その不自然さを改めて強調した。

裁判所、弁護団と検察による第2回三者協議が6月21日に非公開で開かれ、終了後に弁護団が記者会見して公表した。

第２回三者協議のため支援者に激励されて東京高裁へ向かう袴田巖さんの弁護団と姉・秀子さん＝2021年６月21日（撮影／小石勝朗）

(1)　白味噌に漬けても血液は黒く変化

今回の味噌漬け実験のポイントは、色の薄い「白味噌」を使ったことだ。５点の衣類が漬かっていたのは「赤味噌」だが、第２次再審請求審になって「この工場で製造していた赤味噌の色は薄かった」とする元従業員の供述調書を検察が提出し、最高裁も採り入れたためだ。

実験では、医師に頼んで支援者の血液を採取し、綿の布に付けて白味噌に漬け込んだ。24時間後までは血液の赤みが保持されていたものの、４週間後には「黒に近い色」に変化し赤みは残らなかった。血液を布に付けてから味噌に漬けるまでの時間を、直後、１時間後、４時間後、12時間後と変えたが、結果は同様だった。

赤いインクを使った実験も行った。こちらは味噌浸出液（たまり）に1時間漬けても、血液と違い赤い色に変化は見られなかった。弁護団は「色が変化するのは味噌浸出液に含まれている何らかの物質によって、血液の成分に作用した化学的な働きがあることが推認できる」と立論している。

弁護団は同時に提出した意見書で「味噌の色が薄くても、血液付着直後のものが味噌漬けにされたものであっても、1年2カ月間も味噌漬けになっていたとすれば、赤みが消え黒色化することが一層明らかになった」と強調した。5点の衣類は1年以上も味噌に漬かっていたわけではなく、発見直前にタンクに投入された捏造証拠だ、との主張がさらに裏づけられたとみている。

(2) 味噌タンクを捜索した元警察官を証人申請

弁護団はまた、事件発生直後に、のちに5点の衣類が見つかる味噌タンクを捜索したという元警察官（80歳）を証人申請した。差戻し前の高裁審理でも申請したが、検察の反対などで採用されなかった経緯がある。

元警察官は弁護団に対し「タンクの内部にかけたはしごを伝い、底部にしか入っていない味噌の中を棒のようなもので確認したが、何も発見できなかった」と説明したという。弁護団は「証言の信用性が認められれば、5点の衣類が入れられた時期は発見直前であり、捏造証拠の可能性が高いと判断できる」として「極めて重要な証人」と訴えている。

(3) 検察は専門家を証人申請する方針

一方の検察は三者協議で、7月末までに提出予定の意見書と併せて、専門家の証人尋問を求める方針を明らかにしたという。

弁護団は差戻し前の高裁審理で「血液中のたんぱく質と味噌の糖分が結合して起きる『メイラード反応』によって味噌に漬かった血痕は黒くなる」と分析した学者の意見書を提出した。しかし、高裁は審理のテーマに取り上げておらず、最高裁は「メイラード反応に関する専門的知見について審理が尽くされていない」ことを差戻しの理由に挙げた。

これを受け検察は、メイラード反応に反論する意見書を提出する意向を示している。申請する証人はこの意見書にかかわる学者とみられ、人数を「複数」と説明したという。弁護団の申請分とともに、裁判所が証人をどこまで認めるかが今後の審理の動向を左右しそうだ。

(4) 証拠リストの開示を拒否

また検察は、弁護団が求めていた証拠リスト（一覧表）開示に対し、拒否するとした意見書を高裁へ提出した。弁護団は、差戻し前の審理で高裁が証拠リストの開示を検察に勧告したと主張しているが、検察の意見書は「開示を勧告された事実はない」と否定。さらに、再審請求審での証拠リストの作成・交付について、①検察に応じる法律上の義務はない、②裁判所が命じることは著しく不相当、③本件では具体的な必要性は認められない——と記している。

高裁は三者協議で「開示の必要性が出てくれば検討する」とだけ述べて、結論を先送りしたという。このままリスト開示には触れないつもりのようだ。だが、捜査に数々の疑惑が指摘され、静岡地裁の再審開始決定（2014年3月）が「証拠捏造」にまで言及した事件でもあり、どんな未提出の証拠があるのか明らかにすることが公正な審理に欠かせないのは当然の理だ。裁判所には毅然とした対応を求めたい。

(5) 学術的な論点が広がれば審理の長期化も

最高裁決定は、血液の黒色化がメイラード反応によるとした学者の意見書に対して、高裁の審理で「専門的知見に基づく反論はされていない」ことに触れており、検察は差戻審の審理でこれに応えるところから入ったとみられる。専門家の証人申請もして、まずは徹底してメイラード反応への反論を展開する計画のようだ。

早期決着を目指す弁護団は「味噌に漬かった血液に赤みが残る可能性があるのか、残るとすればどういう条件かを立証すべきだ」（小川秀世・事務局長）と検察の姿勢を批判しているが、検察はその後に別のテーマの証拠の提出も検討していることを示唆している。

同様に弁護団には、最高裁が必要性を指摘した「血液に対するメイラード反応の影響の有無・程度や、血液の色の変化に関する他の要因との関係を具体的に示す実験結果や資料」を証拠として提出することが課題になっている。現在、メイラード反応の主張を補強する意見書をまとめるべく専門家と折衝している模様だ。味噌漬け実験は引き続き実施しており、今後も順次、高裁へ報告書を提出するという。

「味噌に漬かった血液の色の変化」というテーマの研究をしている専門家はいないとみられ、学術的な論点が広がってくれれば実験や鑑定の必要性も含めて審理には時間がかかりそうだ。大善文男裁判長は三者協議で「袴田さんが高齢であることは十分理解しており、できるだけ早期に審理を進めたい」と述べたというが、検察のペースに乗せられて長期化する可能性をはらんでいる。

3 第3回三者協議……「味噌に漬かった血痕に赤みが残る可能性はある」、検察が反論の意見書（2021年8月30日）

袴田巖さんの弁護団と裁判所、検察による第3回三者協議が8月30日、東京高裁で開かれた。

1年以上味噌に漬かった血液の色合いの変化をめぐり、検察が意見書を提出。2人の学者の見解をもとに「血痕に赤みが残る可能性はある」と指摘する内容で、犯行着衣とされる「5点の衣類」に付着した血痕が黒くなっていないのは不自然だと主張する弁護団に対抗した。

弁護団は差戻し前の高裁審理で「味噌に漬かった血液は、血液中のたんぱく質と味噌の糖分が結合して起きるメイラード反応によって黒色化する」とする花田智・首都大学東京（現・東京都立大）教授（環境微生物学）の意見書を提出している。最高裁は、これについて十分な審理がなされなかったことを差戻しの大きな理由としており、検察は7月末に提出した意見書で弁護団に反論した。

(1) メイラード反応による強い褐変は起こらず

柱になっているのは、食品化学や食品衛生学を専門とする2人の大学教授に検察官が聴取した内容をまとめた報告書だ。そのうちの1人は日本メイラード学会の重鎮。

検察は意見書で、報告書をもとに味噌の着色や褐変は「ほとんどがメイラード反応に基づく」とし、醸造された味噌の色が淡色だった場合は「味噌に対してメイラード反応はあまり進行しておらず、褐変も進行していない」との前提に立った。

そのうえで、5点の衣類が見つかったタンクで1年あまり醸造されていた味噌が淡色のままだったとされることを根拠に「メイラード反応自体は起こっているが、褐変に影響を与える色素が多量に形成される状態には至らず、強い褐変は起こらなかった」とする2人の学者の見解を紹介した。

さらに、2人の学者が「味噌醸造において大豆から生成される（たんぱく質を構成する）アミノ酸ではメイラード反応があまり起きず、血液中に含まれるアミノ酸だけがメイラード反応を起こし褐変が進行したということは考え難い」と評価していることを強調した。

そして「5点の衣類に付着した血痕に対して、その赤みを失わせるような褐変を伴うメイラード反応が進行していたとは認められず、メイラード反応により5点の衣類に付着した血痕に赤みが全く残らないはずであるとは認められない」と結論づけた。

最高裁が「メイラード反応その他の味噌漬けされた血液の色調の変化に影響を及ぼす要因についての専門的知見の調査」を求めたことに対しては、メイラード反応とともに「その他の要因」の分析も続けていると説明した。「血液の色調の変化に影響を及ぼす要因、特にその化学的機序は決して単純なものではなく、複数の要因が複雑に関係し得る」として調査に困難が伴うことは認めながらも、「可能な範囲、かつ合理的な範囲で必要な審理を尽くさなければならないことは明白」との認識を示し、「速やかな審理終結」を唱えてきた弁護団を牽制した。

(2) 検察の味噌漬け実験の結果と「矛盾する」

非公開の三者協議後に記者会見して概要を説明した弁護団は、検察の意見書を「教科書的な説明を学者に聞いてきただけで、充実した審理には足りない」（笹森学弁護士）と批判した。弁護団は10月末までに反論の意見書を提出することになったが、すでに専門家との協議を始めているという。

弁護団は、検察が差戻し前の高裁審理で中西宏明・順天堂大准教授（法医学）に依頼して実施した味噌漬け実験の結果との整合性を疑問視している。中西氏の実験では、衣類に付着させて味噌に漬けた血液は、味噌が熟成して濃い色になる前の段階の「遅くとも30日後には黒くなった」（最高裁決定）ためだ。

検察は意見書で、中西氏の実験について「5点の衣類が味噌漬けされたのとは異なる条件のもとで行われており、血液の色の比較が困難であることは最高裁決定も是認している」と触れてはいる。だが弁護団は、検察の意見書の内容が中西氏の実験結果と「矛盾する」と指摘。検察が2人の学者に対し、中西氏の実験結果を提示したうえで聴取したかどうかを尋ねる求釈明（質問）を申し立てた。

(3) 弁護団は別の要因を立証へ

一方で弁護団は、独自に実施している味噌漬け実験の結果を踏まえ、メイラード反応以外の要因の立証に乗り出す方針を決めた。「血痕が味噌に漬けて短期間で黒色化することはメイラード反応だけでは説明できない」とみており、この問題意識を起点にして専門家の知見を集めている。記者会見では、次回・11月22日の三者協議までに意見書を提出する意向を示した。

弁護団は「最高裁はメイラード反応とともに『その他の要因』を求めており、今後の審理の焦点になる」（笹森氏）と受けとめている。このため、7月に提出した意見書で高裁に要請していた「速やかな審理終結」について、小川秀世・事務局長は記者会見で「少し審理をしないといけない状況になった」と事実上、撤回した。ただ、小川氏は「5点の衣類が味噌漬けにされたのが事件発生の直後なのか、（発見直前の）1年2カ月後なのかは、実験結果を踏まえて明確な議論ができる。長期化は心配していない」とも語った。

◇　◇　◇

弁護団が法医学者に委託していた鑑定書がまとまった。実験を基に味噌に漬かった血液が黒褐色化するメカニズムを解明しており、のちの再審公判に至るまで、とても重要な役割を担うことになる。

4 「1年以上味噌に漬かった血液に赤みが残ることはない」、弁護団が法医学者の鑑定書を提出（2021年11月1日）

差戻審の焦点になっている味噌に漬かった血液の色合いの変化について、袴田巖さんの弁護団が法医学者の鑑定書と意見書を東京高裁へ提出した。鑑定書は、血液を赤くしているヘモグロビンが弱酸性で塩分を含む味噌の影響で変性・分解したり酸化したりして褐色の別の物質に変わるため、血液は短期間で赤みを失うと分析。死刑判決が袴田さんの犯行着衣と認定した「5点の衣類」の血痕には赤みが残っており、弁護団は「1年以上タンクの味噌の中に隠されていたとは言えない」として、「袴田さんの犯人性は完全に否定された」と結論づけている。

(1) ヘモグロビンの変性・分解や酸化で赤みは消える

弁護団は高裁への審理の差戻し後に、血液を付けた布をさまざまな条件で味噌に漬ける実験を続けたが、いずれの場合も血液は短期間で黒色化した。メイラード反応にはある程度の時間を要するため、最高裁決定が触れた「その他の要因」の解明に注力。血液分析を専門とする法医学者の研究室の鑑定書とともに、弁護団がまとめた意見書を11月1日に東京高裁へ提出した

（注：この時点では法医学者の氏名は非公表だった）。

意見書によると、血液が味噌と混ざると、弱酸性と塩分の影響で赤血球の細胞膜が壊れる「溶血」が起こる。血液の赤みの基となるヘモグロビンが漏出して変性したり分解されたり、さらに酸化したりして褐色の別の物質になるために、数日という短期間で赤みは失われると強調した。

法医学者の研究室がpH（水素イオン指数）の値を変えた溶液に血液を混ぜる実験をしたところ、熟成した味噌と同程度のpH5（弱酸性）の方がpH7（中性）よりも強い溶血が確認された。また、一般的な味噌の塩分濃度と同程度の10％の塩化ナトリウムを加えると浸透圧が高まり、pH値にかかわらず顕著な溶血が認められた。

弁護団は「味噌内の環境が溶血を促進させることを裏づけている」と立論。鑑定書は褐色化について、5点の衣類のように「麻袋に入れて味噌に漬けられた衣類の場合、味噌の成分が浸透しさえすれば数日の範囲で起こりうる」と記した。

数週間の中期的にみると、さらに分解が進んでさまざまな色の物質となり、それらが混ざることで血液は茶褐色から黒茶褐色の色調に変化するという。弁護団は「この時点ですでに赤みは失われている」とみている。

数カ月の長期的には、メイラード反応も加わって混色化し、「黒茶褐色から黒褐色の色調に変化する」と分析した。鑑定書は結論として「中～長期間の保存において、赤みを保っていることはあり得ず、1年以上味噌に漬けた場合、血液の赤みが残ることはない」と断じている。

(2) メイラード反応も生じていた

メイラード反応をめぐっては検察が7月末、2人の学者の見解をもとに、差戻し前の弁護団の主張に反論する内容の意見書を高裁へ提出している。5点の衣類が漬かっていた味噌が淡色のままだったとされることを根拠に「血痕の赤みを失わせるような褐変を伴うメイラード反応が進行していたとは認められない」と判断し、血痕に赤みが残る可能性はあると主張した。これに対しても弁護団は今回、メイラード反応を研究する別の学者による意見書を提出し、検察に反論した。

弁護団は学者の意見書をもとに、5点の衣類が漬かっていた味噌が淡色だったとしても、仕込んだ時点の原料（煮大豆や米麹）の白色と比較して褐変は進んでいるのだから「メイラード反応は最終段階にまで至っていた」と見立て、味噌と同じ環境下にあった血液でもメイラード反応は生じており、褐変は進んでいたとの見解を示した。

そして「味噌漬けにされた血液の化学的変化を長期的にみれば、ヘモグロビンの変性・分解、酸化等にメイラード反応が合わさって進行することにより、血液はより黒褐色化ないし黒色化する」と総括した。

(3)「最高裁の宿題を完全に果たした」

弁護団は11月5日に記者会見し、鑑定書と意見書の概要を説明した。「色」問題を担当する間光洋弁護士は「再審開始に直結する専門的知見が得られた」とアピールした。西嶋勝彦・弁護団長は「最高裁が示した宿題を完全に果たした。5点の衣類は袴田さんのものではないとはっきりしたので、これ以上の審理は必要ない」と述べ、速やかに再審開始決定を出すよう高裁に要請。小川秀世・事務局長も「新しい科学的な鑑定ではなく、すでに分かっていたことを味噌に当てはめただけなので、動かない知見であり、決定的な証拠と考えている」と主張した。

弁護団と裁判所、検察との次回の三者協議は11月22日に予定されており、小川氏は「それまでに検察の対応を決めてもらう」と早期結審を目指す方針を強調した。

5　第4回三者協議……検察が来年2月までに総括的な反論意見書、差戻審は佳境に（2021年11月22日）

袴田巖さんの弁護団と裁判所、検察による4回目の三者協議が11月22日、東京高裁で開かれた。焦点になっている「味噌に漬かった血液の色の変化」をめぐり、弁護団が11月1日付で出した鑑定書と意見書に対し、検察は来年2月までに反論の意見書などを提出することになった。高裁は「総括的な内容」を求めており、差戻審の審理は佳境に入る。

(1) 検察に即時抗告の取下げを要求

三者協議は非公開で行われ、終了後に弁護団が記者会見して概要を説明した。

弁護団が11月1日付で提出した法医学研究室の鑑定書は、血液が味噌に漬かると、味噌が含む塩分や弱酸性の環境によって血液を赤くしているヘモグロビンが変性・分解、酸化し、褐色の別の物質に変わるため、数日~数週間で赤みは失われると指摘。数カ月後には血液中のたんぱく質と味噌の糖分が結合して起きるメイラード反応も加わり、「1年以上味噌に漬けた場合、血液の赤みが残ることはない」と結論づけた。

これを受けて、弁護団は22日の三者協議に「進行についての意見書」を提出した。鑑定書が「名実ともに明白性を有する新証拠となったことは明らかで、再審開始の要件を満たしている」と強調。袴田さんは高齢でもあり、「いかに速やかに再審開始を実現するかという点が三者協議のテーマとされるべきだ」としたうえで、検察に対し、鑑定書を再審開始に必要な新規・明白な証拠と認めるか、高裁への即時抗告を取り下げて静岡地裁の再審開始決定を確定させるよう要求した。

弁護団は、新たな味噌漬け実験の報告書も提出した。5点の衣類の発見時の状況を踏まえ、血液を付けた布を麻袋に挟んだり、仕込んだばかりで色が薄い白味噌に漬けたりとさまざまに実験の条件を変えても、ほとんどのケースで24時間以内に、遅くとも4週間後には、血液の赤みは消えて黒褐色になったとしている。

(2) 検察は「赤みが残る可能性がある」と主張へ

一方の検察は三者協議で、弁護団の鑑定書に「反論する準備を進めている」と表明した。鑑定の結論について「長期間味噌に漬かった血液には条件の違いにかかわらず赤みは残らないという趣旨か」との求釈明（質問）を申し立てており、反論では「赤みが残る可能性がある」ことを柱に据えるとみられる。求釈明に対し、弁護団は口頭で「味噌に漬けるという条件で十分だ」と回答した。

検察は複数の学者に見解を求めており、関連する実験も依頼している模様だ。反論の意見書は来年2月末までに提出するとし、「完成形になる」と説明したという。

大善文男裁判長は検察の意見書が「総括的なものと理解している」との受けとめを示した。検察にもう少し早く提出できないか尋ねたが強くは求めず、次回の三者協議を来年3月14日に設定した。検察の主張を見たうえで、学者の尋問をするかどうかを決める見通しだ。

(3)「検察の反論は裁判所を動かすものにはならない」

記者会見で弁護団の小川秀世・事務局長は提出した鑑定書について「最高裁の差戻し決定の要請に完全に応えた」と改めて断言した。そして、味噌に漬かった血液に『赤みが残る条件』は到底考えられない。検察の反論が裁判所を動かすものにはならないと確信している」と力説した。

差戻審の決定が出るまでにはまだ時間がかかりそうだが、会見に同席した袴田さんの姉・秀子さん（88歳）は「55年闘ってきており、長いの短いの言っている暇はない。あくまで再審開始決定を出してもらうよう頑張っていく」と語った。

◇　◇　◇

袴田さんの再審請求の審理を最高裁が高裁へ差し戻し、再審が実現する可能性が再び高まってきたことを受けて、再審法制の改正を求める動きも活発化してきた。

6　「再審法改正」に向け国会議員への働きかけを本格化、日弁連が院内集会（2022年2月2日）

再審法制の拡充をめざして、日本弁護士連合会（日弁連）は2022年2月2日、「再審法改正を求める院内集会」を東京・永田町の衆議院第1議員会館で開いた。再審請求審での証拠開示の制度化と検察官の不服申立て（抗告）禁止にポイントを絞り、冤罪事件にかかわる弁護士と冤罪被害者が現行制度の問題点や改正の必要性をアピール。日弁連は議員立法による法改正を想定しており、推進組織となる議員連盟の発足へ向けて国会議員への働きかけを本格化させる。

(1)「再審格差」の解消へ証拠開示の法制化を

集会では、再審法改正に関する特別部会長の鴨志田祐美弁護士が「再審法の改正はなぜ必要か」と題して基調報告をした。再審についての刑事訴訟法の規定は戦前からほとんど変わっておらず19の条文しかないことや、近年の司法制度改革からも取り残されている状況に触れ、再審規定の整備の必要性を説いた。

改正のポイントの1つに挙げた「証拠開示」では、布川事件や松橋事件のように検察や警察に埋もれていた証拠が再審開始～無罪確定の決め手になっているにもかかわらず、開示勧告をするかどうかは裁判所の裁量で、担当裁判官による「再審格差」が生じていると指摘。「裁判官のやる気によって冤罪が救われたり救われなかったりして良いのか」と法制化を訴えた。

もう1つの「検察の抗告禁止」については、抗告が憲法39条の「二重の危険の禁止」に抵触するとし、検察は再審の公判で有罪の主張ができるので「再審請求の段階で抗告を繰り返す必要はない」と禁止するよう求めた。大崎事件では2002年以降、地裁と高裁で計3回の再審開始決定が出ながら、検察の抗告によって請求人が94歳になった今も再審が実現していないことや、戦前の刑訴法が影響を受けたドイツでは1964年に再審開始決定に対する検察の抗告が禁止されたことも紹介した。

(2) 「弊害はほとんど考えられない」と元裁判官

袴田巖さんの弁護団メンバーで元刑事裁判官の水野智幸弁護士（法政大学法科大学院教授）は、経験をもとに「裁判官は自らの誤りを認めることになる再審に消極的だ」としながらも、「個々の裁判官は規定があればやりやすいと考えている」と述べた。「検察官も同じ」として、検察が導入に後ろ向きだった取調べの録音・録画を今では捜査の適正さを示すために活用していることを例示した。

再審制度拡充の弊害とされる点についても、①証拠開示を認める事件の振分けを可能にすれば裁判所の業務はパンクしない、②証拠開示による証拠隠滅やプライバシー流出は通常審で生じていない、③誤りを是正する手段を確保してこそ裁判制度への信頼は高まる――として「弊害はほとんど考えられない」と分析した。そして、日弁連はすでに詳細な条文案を作成しており、「整備の道筋はついている」との見解を示した。

布川事件で再審無罪が確定した櫻井昌司さんもオンラインで参加し、「あなたが冤罪になった時に、こんな不十分な制度で良いのか。誰もが冤罪になる可能性があり、なって初めて冤罪の苦しさや制度の不備を知る。『あなたの問題』と訴えていく」と法改正へ力を込めた。

(3) 与党議員へのアプローチが課題

集会には与野党の衆参国会議員が参加し、オンライン参加の2人を含めて12人が挨拶に立った。再審法改正に賛同する声とともに、「与党へのアプローチを考えてほしい」との意見も寄せられた。特に自民党議員の賛同をいかに得るかが、今後の大きな課題になりそうだ。

日弁連は、今国会中に有志議員による勉強会を開く計画を立てている。議員立法での法改正へ向け、推進する議員連盟の発足につなげたい考えだ。

7 第5回三者協議……検察が独自の味噌漬け実験を踏まえ意見書、裁判所は証人尋問を実施へ（2022年3月14日）

袴田巖さん（86歳）の弁護団と裁判所、検察による5回目の三者協議が3月14日、東京高裁で開かれた。焦点になっている「味噌に漬かった血液の色の変化」をめぐり、検察は独自の味噌漬け実験や法医学者の見解に基づく意見書を提出。「長期間味噌に漬かった血痕に赤みが残る可能性はある」と主張し、弁護団に真っ向から反論した。高裁は6月以降に法医学者ら専門家の証人尋問を実施する方針を示した。

(1)「血液」と「血痕」の違いを強調

検察が血液を付けた布を味噌に漬け込む新たな実験を独自に始めていたことが明らかになった。その結果と、法医学者2人の見解を検事が聞き取った供述調書を併せる形で意見書にまとめ、2月24日に高裁へ提出した。

意見書はまず、審理のテーマになっているのは、犯行着衣とされている5点の衣類に付着した「血痕」であることを強調し、「血液」ではなく「血痕」の色調の変化に焦点を当てるべきだ、と主張した。そのうえで法医学者の見解をもとに、血痕の場合は血液に比べ「化学反応は起こりにくく、起こるとしてもその反応速度は液体よりも遅い」とし、血液の色調の変化を実験に基づいて考察した弁護側の鑑定書は「『血痕』についても妥当すると言える根拠を示していない」と批判した。

検察の味噌漬け実験による血痕の写真を示しながら三者協議の概要を説明する弁護団。袴田巖さんの姉・秀子さんはオンラインで会見に参加した＝2022年３月14日、東京・霞が関の司法記者クラブ（撮影／小石勝朗）

(2) 味噌に漬けて5カ月後でも血痕に赤み

　検察が新たな味噌漬け実験を開始したのは昨年9月。20代〜50代の男女15人から血液を採取して約１００枚の布に付着させ、味噌に漬けて定期的に血痕の色調の変化を観察しているという。

　実験の条件をさまざまに設定しており、付着させる血液の量や布の厚さを変えたり、静脈血とともに動脈血を用いたり、複数人の血液を混合したりした。味噌に漬け込むまでの時間は、血液を布に付けた当日だけでなく、３、５、10、18日後の５通りで実施。味噌は、５点の衣類が発見されたタンクの味噌と原料配分を同様にして約１００キロを仕込み、水道水とともに、肥料による汚染を想定して硝酸を含む水も使った。さらに、嫌気度の高い状態を作るため、チャックの付いた袋に脱酸素剤と一緒に布を入れるなどした。

その結果、血液を多量に付着させた布は、味噌に漬けてから約5カ月後でも血痕に赤みが残っていたという。検察は意見書で、法医学者の見解を引く形で「血痕全体に化学反応が起こる前に、時間の経過に伴い、凝固や乾燥などにより化学反応が起こりにくくなった可能性が考えられる」と分析した。同様に、血液を布に付けてから味噌に漬けるまでの時間に着目し、「味噌漬けされるまでの間に凝固、乾燥したことと、その進行の程度が、血痕の色調変化に影響している可能性が考えられる」としている。

(3) 以前の実験で血痕が黒色化した理由を釈明

検察は差戻し前の高裁審理でも、中西宏明・順天堂大准教授（法医学）に依頼して同様の味噌漬け実験を実施している。最高裁は２０２０年12月の決定で、その実験結果について「血液の色は遅くとも味噌漬けから30日後には黒くなり、５カ月後以降は赤みが全く感じられない」と評価。「少なくとも、長期間味噌漬けされたことが血痕の色に影響を及ぼし得る要因等について、専門的知見に基づく検討の必要性を認識させる」として、審理を高裁に差し戻す大きな理由とした。

検察は今回の意見書で、中西氏の実験で血痕が黒色化した理由を釈明した。抗凝固剤の入った採血管を使用していたことが分かったとし、今回の実験結果と比較する形で「血液の凝固が阻害されたことにより、味噌漬けによる化学変化が促進され変色が進行した可能性が認められる」との見方を示した。そのうえで「中西氏の実験で現れた血液の色の変化から、1年以上味噌漬けされた5点の衣類の血痕に赤みが残ることはないと断ずることはできない」と強調した。

意見書は結論として「今回の味噌漬け実験の結果と専門家の知見に基づく考察から、長期間味噌漬けされた血痕に赤みが残る可能性は十分に認められる」と述べている。

(4)「実験の条件設定に問題」と弁護団

三者協議は非公開で行われ、終了後に弁護団が記者会見して概要を説明した。

弁護団はこの日の協議に合わせ、検察の新たな味噌漬け実験が「条件設定に問題があり信用できない」（笹森学弁護士）と批判する意見書を提出した。実験の問題点として、実施した部屋の温度や布を漬けた味噌の量、嫌気度が高い環境の作り方、味噌に漬けるまでの期間を列挙。血痕に赤みが残った布があるのは、5点の衣類が見つかった「味噌タンクで想定される環境とは乖離した条件設定が原因であると考えられる」と主張した。

一方で、弁護団は協議の中で検察に対し、味噌漬け実験を続けるよう求めた。小川秀世・事務局長は、検察の実験でも「開始から半年で、味噌が色づいていなくても血痕は黒褐色化している」と見立て、死刑判決では5点の衣類は1年以上味噌に漬かっていたとされることから「あと半年経って味噌が濃くなれば黒色化するのは間違いない」と狙いを明かした。検察は「実験の目的は達した」と継続に難色を示したが、裁判所が血痕の色調変化を現地で「見てみたい」との意向を表明し、結局、5月23日の三者協議までは続けることになったという。

弁護団は意見書で、血液と血痕の違いについて「血痕は味噌が生成する水分である『たまり』と接触することにより血液と同様に水溶液となり、（弁護側の）鑑定書の述べる化学反応は進行する」と反論している。中西氏の実験に関する検察の釈明に対しては、笹森氏が会見で「化学的にほとんど無視していい主張で（弁護団は意見書でも）反論していない」と一蹴した。

(5) 証人尋問は5月の協議で正式決定へ

高裁は証人尋問をめぐり、予定者やスケジュール、尋問事項、所要時間を5月の三者協議で示すよう弁護団と検察の双方に求めた。弁護団は、昨年11月提出の鑑定書を担当した2人の法医学者を請求すると表明。検察は証人尋問の実施に反対はしなかったが、この日は具体的な人名を挙げなかったという。5月の協議で正式に実施が決まる見通しだ。

弁護団は、裁判所が検察の実験に興味を示していることを「良い兆候」と受けとめており、証人尋問を「良い結果に向けた通過点」と位置づけて準備を進めるとしている。

8 第7回三者協議……証人尋問は7月下旬〜8月上旬に、年内にも再審の可否を決定か（2022年5月23日）

袴田巖さんの弁護団と裁判所、検察による7回目の三者協議が5月23日、東京高裁で開かれた。審理のテーマになっている「味噌に漬かった血痕の色の変化」をめぐり、専門家の証人尋問が7月下旬から8月上旬にかけて実施される方向が固まった。再審を開始するかどうかの高裁決定は、早ければ年内にも出される見通しになった。

(1) 弁護団、検察の双方が計5人の証人を請求

三者協議は非公開で行われ、終了後に弁護団が記者会見をして概要を説明した。

証人として弁護団が請求したのは、昨年11月提出の鑑定書をまとめた法医学講座の学者2人と、物理化学の学者の計3人。検察の請求は、この鑑定書を批判する見解を示した法医学者2人。現段階では、7月22日に弁護側の法医学者2人▽8月1日に検察側の法医学者2人▽8月5日に弁護側の物理化学者の尋問を、それぞれ行う予定という。

このうち弁護側の物理化学者は、検察による味噌漬け実験の条件設定を批判する鑑定書を作成し、4月に高裁へ提出された。検察側の法医学者2人は、弁護側の鑑定書を批判するとともに、検察の実験の結果を分析・評価しており、その見解は供述調書として高裁に提出されている。

弁護団によると、本来はこの日の三者協議で証人尋問の実施と内容が決定するはずだった。しかし、検察が具体的な尋問事項を提示しなかったため、尋問時間の設定ができないなどとして決定が先送りされたという。次回・6月27日の三者協議で正式決定する見通しだ。

記者会見で弁護団の西嶋勝彦団長は、証人尋問の実施が固まったことへの受けとめを問われ、「（再審開始の）展望が開けたとは感じていない。無条件で安心とは思っていない」と気を引き締めた。差戻し前の高裁審理でも証人尋問が行われながら、逆転の再審請求棄却決定が出されたためだ。

一方で小川秀世・事務局長は、検察が請求した2人の法医学者の尋問時間が20分ずつだったと明かし、「（検察の）反証の仕方に限界があるのだと意を強くした」と自信を見せた。オンラインで会見に参加した袴田さんの姉、秀子さん（89歳）は「再審開始へ向けて大いに期待しています」と話した。

(2) 検察の味噌漬け実験への対応が決定の時期に影響

三者協議では弁護団、検察ともに新たな証拠を出す予定はないと表明しており、証人尋問が終われば最終意見書を提出することになる見通しだ。弁護団は「早期終結・早期決定の立場」（笹森学弁護士）でもあり、早ければ年内にも高裁の決定が出る可能性がありそうだ。

ただ、検察は血液を付けた布を味噌に漬け込んで血痕の色合いの変化を観察する実験を昨年9月初めから実施している。裁判官は布の取り出しに立ち会って血痕の色調を実際に見たいとの意向を示しているそうで、実験は継続しているが、いつまで行うかは確定していない。11月初めまで続ければ、確定審で5点の衣類が認定されたのと同様に血痕は1年2カ月間、味噌に漬かることになるため、高裁が実験にどう対応するかが決定の時期に影響しそうだ。

9　第8回三者協議……証人尋問を経て年内に最終意見書、検察実験の観察に裁判官が立会いへ（2022年6月27日）

差戻審は「審理終結」が見えてきた。袴田巖さんの弁護団と裁判所、検察による8回目の三者協議が6月27日、東京高裁で開かれ、弁護団、検察双方の最終意見書の提出期限が12月になる方向が示唆された。順調に進めば、再審を始めるかどうかの高裁決定は今年度中にも出される見通しだ。

この日の三者協議では「長期間味噌に漬かった血液の色の変化」をテーマにした法医学者ら5人の証人尋問を、7月22日〜8月5日に行うことが正式に決まった。また、検察が昨年9月から独自に実施している味噌漬け実験を11月初めまで続け、最終的な確認には裁判官が立ち会うことでも合意した。

(1) 証人尋問の中心テーマは弁護団提出の鑑定書

非公開の三者協議の終了後に記者会見した弁護団によると、証人尋問は3日に分けて行われる。証人1人につき、主尋問、反対尋問、補充尋問を合わせて最大2時間程度の予定だ。

初日の7月22日の証人は、弁護団が求めた法医学者2人。弁護団の委託を受けて、味噌に漬かった血液が黒褐色化するメカニズムを鑑定書にまとめており、昨年11月に高裁へ提出された。血液を赤くしているヘモグロビンが味噌の塩分や弱酸性の環境によって変性・分解、酸化し褐色の別の物質に変わるためとしており、尋問の主テーマは「血液の付着した衣類が味噌漬けの環境に置かれた場合の血痕の色調変化の推移とその化学的な理由」だ。

2日目の8月1日は、検察が請求した法医学者2人を尋問する。2人は弁護側の鑑定書を批判するとともに、検察が実施している味噌漬け実験の経過を分析・評価しており、その見解は供述調書になって高裁へ提出されている。こうした点について尋問が行われる見通しだ。

3日目は8月5日で、弁護団が請求した物理化学の学者が証人になる。弁護団の委託を受けて、検察による味噌漬け実験の条件設定を批判する鑑定書を4月に作成しており、その内容や、弁護側の鑑定書の妥当性について問われるという。

証人尋問は非公開で行われるが、再審請求人（袴田さんの保佐人）であるにもかかわらず三者協議への同席が認められていない姉の秀子さんは傍聴できることになった。

西嶋勝彦・弁護団長は「証人尋問によって鑑定書の価値が高まると自信を持っている。検察請求の証人は自ら実験をしているわけではなく、心配するところはない」と語った。

(2) 検察の味噌漬け実験は1年2カ月間継続

三者協議では、検察の味噌漬け実験を11月初めまで続けることで合意した。5点の衣類は事件発生の1年2カ月後に発見されており、最長でこの期間、味噌に漬かっていた。検察が血液を付けた布の味噌漬けを始めたのは昨年9月4日なので、11月で5点の衣類と同じ1年2カ月になるためだ。布を味噌から取り出して血痕の色合いを最終的に観察する場には、東京高裁の担当裁判官が立ち会うことも確認された。

正式な検証手続ではないものの、弁護団は11月初めには「血痕は完全に黒くなる」（小川秀世・事務局長）と想定しており、裁判官の心証を形成するうえで大きな意味を持つと捉えているようだ。さらに小川氏は「検察は弁護団の鑑定書が説明した科学的根拠自体は否定していないので、実験で血痕が黒くなっていれば弁護団の主張に反論する余地がなくなり、再審開始決定が出た場合にも（最高裁へ）特別抗告する手がかりがなくなる」と見立てた。

高裁は最終意見書の提出期限について、検察の味噌漬け実験の結果も踏まえたうえで、12月に設定する方向を示唆した。このスケジュールに対し弁護団、検察の双方から強い異論は出ていないため、審理は年内に終結する可能性が高く、高裁の決定は今年度中にも出るとみられる。差戻審は2021年3月に始まっており、決定まで約2年を要することになりそうだ。来年2月には姉の秀子さんは90歳に、3月には袴田さんが87歳になる。再審請求審は時間との闘いでもある。

◇　◇　◇

法医学者ら5人の証人尋問が行われ、差戻審の審理は最大のヤマ場を迎えた。

10 証人尋問で専門家の見解は分かれる、袴田巖さんの弁護団は立証に自信（2022年7月22日、8月1日、8月5日）

「1年以上味噌に漬かった血痕に赤みが残るかどうか」をテーマにした法医学者らの証人尋問

が7月22日、8月1日、5日の日程で行われた。袴田巖さんの弁護団と検察がそれぞれ請求した計5人の学者が東京高裁で証言したが、見解は分かれた。ただ、弁護団は「最高裁が求めた専門的知見を立証できた」と自信を見せている。

(1) 弁護側の法医学者は「赤みが残ることはない」

証人尋問は非公開で行われ、弁護団が各日、終了後に記者会見して概要を説明した。

初日の7月22日に尋問を受けたのは、旭川医科大・法医学講座の清水恵子教授と奥田勝博助教。弁護団の委託を受けて、味噌に漬かった血液の色調が変化する化学的な要因を分析。血液を赤くしているヘモグロビンが味噌の塩分や弱酸性の環境によって変性・分解、酸化し褐色の別の物質に変わるため、1年以上味噌に漬かれば黒褐色になる、と結論づけた鑑定書をまとめている。

弁護団によると、2人は鑑定書に沿った内容を証言し、味噌に漬かった血液が黒褐色化する化学的機序や鑑定のために実施した実験の方法・結果を説明したうえで「1年間味噌に漬かった血液に赤みが残ることはない」と明言した。

反対尋問で検察は「色調変化のメカニズムそのものはほとんど取り上げなかった」（笹森学弁護士）そうだ。一方で「味噌に漬かると酸素が少なくなるから、血液に化学変化が生じなかったり、生じても時間がかかったりするのではないか」「血痕になると赤みがきちんと消えなかったり、消えるのに時間がかかったりすることがあるのではないか」と問うた。

これに対して2人は、5点の衣類が入っていた麻袋に酸素は十分含まれていること、発酵が進んでも味噌中の酸素はゼロにはならないこと、味噌の発酵・熟成の過程で生じる液体の「たまり」が血痕に浸透して溶かすこと、などを挙げて検察の見立てを否定したという。

(2) 検察側の法医学者は黒褐色化のスピードを問題視

2日目の8月1日は、検察が請求した宮石智・岡山大学大学院教授と近藤稔和・和歌山県立医科大教授の法医学者2人が尋問を受けた。ともに検察に供述調書の形で見解を示し、清水氏らの鑑定書を批判している。

弁護団によると、2人とも清水氏らの鑑定書が示した血液が黒褐色化するプロセスの化学的説明に対しては積極的に反論しなかった。2人が論点にしたのは黒褐色化するスピードで、「1年で赤みが消えるかどうかは結論が出せない」旨を強調。5点の衣類は8トンの味噌が仕込まれたタンクの底で見つかっていることから「酸素濃度が低い環境に置かれていたことを考慮しているのか」と鑑定に異を唱えた。また、鑑定書が血液を使った実験に基づいていたため、5点の衣類のような「血痕にそのメカニズムはあてはまらないのではないか」との疑問も呈したという。

午前中に尋問を受けた宮石氏は、5点の衣類が見つかった味噌タンクの条件は正確に分からないとして「鑑定書は言い過ぎではないか」と指摘した。午後に尋問を受けた近藤氏は、検察が独自に実施している味噌漬け実験に言及。味噌から取り出した布を開始4カ月後に直接見たほか、その後の状況も写真で確認したところ、血痕に赤みが残っている試料があったとして、「赤みが残る可能性を推論できる」と述べたという。

(3) 検察の実験は「条件が違いすぎる」

3日目の8月5日は、弁護団が請求した北海道大学大学院の石森浩一郎教授(物理化学)が尋問を受けた。ヘモグロビンの化学反応を研究する立場から、清水氏らの鑑定書や検察の味噌漬け実験について見解を聞いた。

弁護団によると、石森氏は清水氏らの鑑定書について「味噌に漬かって1年経てば血痕の赤みは消えると言える。異論はない」と評価。検察の実験に対しては、2~3キロ程度の味噌に漬けており、5点の衣類が見つかったタンクの8トンと比べ圧力や生じるたまりの量が異なることなどを挙げて「条件が違いすぎる」と批判した。「味噌の量が多いと赤みは早く消える」とも述べたという。

(4) 最高裁が求めた課題に「決着がついた」

証人尋問を終えて、弁護団は「最高裁が差戻しにあたって課題とした『長期間味噌に漬かった血液の赤みが消える要因についての専門的知見』に決着がついた。検察の立証は証人尋問や味噌漬け実験によっても成功しなかった」（間光洋弁護士）と総括した。中でも、味噌に漬かった血液が黒褐色化するメカニズムについて検察側の証人がほとんど反論しなかった点を強調し、「裁判所にも十分理解してもらった」（西嶋勝彦・弁護団長）と期待を寄せた。

検察側証人の近藤氏が検察の味噌漬け実験を赤みが残る根拠としたことに対しては「味噌タンク内のたまりの量や酸素濃度、温度、5点の衣類の発見経過などを考慮せずに結論だけを述べた」（間氏）と批判。5点の衣類が見つかったタンクの条件にあてはめて赤みが残る理由を明確に説明していない、との受けとめを示している。

ただ、警戒すべきは「タンクの正確な条件が分からない」という検察側のロジックだろう。55年前の味噌タンクの状態を正確に再現することなどおよそ不可能なのだから、ある意味、いかなる主張をも否定するのに万能な言葉と言える。いかにも裁判所が好みそうな理由づけでもあり注意が必要だ。

(5) 高裁の決定へ向け差戻審は大詰め

8月5日の証人尋問の終了後には、今後の審理の進行について裁判所と弁護団、検察の間で打合せが行われた。

次回の三者協議は9月26日に設定され、弁護団は補充の証拠を提出するかどうかをそれまでに決める。検察の味噌漬け実験の開始から1年2カ月となる11月初めには、血液を付けた布を最終的に味噌から取り出して血痕の色調を観察し、その場に裁判官も立ち会うことがすでに確認されている。

高裁は、弁護団が補充証拠を出さなければ、そこから1カ月～1カ月半程度の間隔を置いた12月中に弁護団、検察双方の最終意見書の提出期限を設ける方向を示し、弁護団、検察ともに受け入れたという。その通りに進んだ場合、再審を始めるかどうかの高裁決定は今年度中にも出されるとみられ、差戻審は大詰めを迎える。

11 第10回三者協議……差戻審の三者協議が終了、裁判所は今年度中に決定の意向（2022年9月26日）

袴田巖さんの弁護団と検察、裁判所による10回目の三者協議が9月26日、東京高裁で開かれた。三者協議はこの日で終了し、高裁は弁護団と検察に対し最終意見書の提出期限を12月2日に設定。再審を開始するかどうかの決定は「今年度中に出せるようにしたい」と述べたという。

(1) 最終意見書の内容を裁判官にプレゼンへ

三者協議は非公開で行われ、終了後に弁護団が記者会見して概要を説明した。

最終意見書の内容について、弁護団が裁判官にプレゼンテーションをする場が設けられることも決まった。12月5日に高裁の法廷で行われ、弁護団の持ち時間は40分。検察がプレゼンをするかどうかは流動的という。プレゼンは非公開だが、再審請求人である袴田さんの姉・秀子さんの傍聴は認められる。

弁護団は、裁判官が袴田さん本人を訪ねて意見聴取するよう求めたが、高裁は「書面や映像でお願いしたい」と回答したという。弁護団は袴田さんの近況を映像や文書にまとめて高裁へ提出するのに加え、12月5日のプレゼンに合わせて袴田さんに裁判所へ来てもらうことを検討している。高裁も袴田さんが来所すれば面会する意向を示したそうだ。

(2) 再審請求人の追加を申立て

検察は昨年9月から血液を付けた布を味噌に漬け込む実験を実施しており、開始から1年2

カ月になる11月初めに、最終的に布を味噌から取り出して血痕の色調の変化を観察する。三者協議では、観察に大善文男裁判長ら2人の裁判官が立ち会うことを改めて確認。高裁は観察の様子を独自に写真撮影し報告書にすることを明らかにした。

このほか三者協議で弁護団は、秀子さんに次いで今年4月に袴田さんの保佐人に選任された静岡県浜松市の弁護士を、再審請求人に追加するよう申し立てた。現在の再審請求人は89歳の秀子さん1人のため、小川秀世・事務局長は「秀子さんは高齢で、請求人としての職務遂行が困難になった時に必要だ」と説明した。

保佐人が再審請求人に就く手続について法的な規定はないといい、高裁は協議の中で判断を示さなかったが、小川氏は「このまま回答がなかったり拒否されたりしても、保佐人になった弁護士が新たに再審請求を起こせる」と意義を語った（注：東京高裁はのちの決定で、新たに保佐人となった弁護士を秀子さんとともに再審請求人として記載した）。

(3) 弁護団は再審開始決定に向けて手応え

最高裁の決定から最終意見書の提出まで2年を要した差戻審の審理終了について、弁護団の西嶋勝彦団長は「予断は許さないが、審理の経過や裁判官の姿勢などを見ると、私たちの望む方向に結果が進むと考えている」と手応えを示した。小川氏も「検察の（味噌漬け）実験は血痕に赤みが最も残りやすい条件で実施されており、そこで赤みが観察されなければ再審開始を確信できる」と強調した。

ただ、差戻審で高裁がいずれの決定を出しても「敗訴」した側は最高裁へ特別抗告することが予想され、結論が確定するまでにはさらに時間がかかる可能性がある。袴田さんと秀子さんの年齢も考慮し、迅速な審理が強く求められる。

◇　◇　◇

検察の味噌漬け実験の最終観察が行われた。立ち会った弁護団のメンバーは「血痕に赤みは感じられなかった」と指摘した。

12　1年2カ月間味噌に漬けた血痕に「赤みは残らず」、検察実験の最終観察に立ち会った弁護団が見解（2022年11月1日）

味噌に漬かった血痕の色調の変化を見るため検察が実施していた実験の最終的な観察が11月1日、静岡地方検察庁で行われた。差戻審を担当している東京高裁の大善文男裁判長らが、血液を付けた布を約1年2カ月間漬け込んだ味噌から取り出す様子を視察した。袴田巖さんの弁護団も観察に立ち会い、「血痕に赤みは感じられなかった」との見解を表明。「再審開始はほぼ間違いない」と強調した。

(1) 担当裁判長らが希望して視察

検察の味噌漬け実験は昨年9月に始まった。15人から採取した血液を約100枚の布に付け、5点の衣類が発見されたタンクの味噌と原料配分を同様にして仕込んだ味噌（1パック2〜2・5キロ）に2〜3枚ずつ漬け込んだ。付着させる血液の量や味噌に漬け込むまでの日数を変えたり、嫌気度の高い状態を作るためチャックの付いた袋に脱酸素剤と一緒に布を入れたりと、条件をさまざまに設定している。定期的に数枚ずつ味噌から取り出して、血痕の色調の変化を観察してきた。

5点の衣類が事件発生直後に味噌タンクに投入されたとすると、発見まで1年2カ月間味噌に漬かっていたことになるため、実験開始から1年2カ月となる今回の最終観察の結果が注目された。東京高裁は自ら希望して大善裁判長と主任裁判官が静岡地検へ視察に訪れ、独自に写真を撮影したという。

(2) 「5点の衣類は犯行着衣とは言えない」

弁護団は翌日の11月2日に静岡市で記者会見し、観察時に撮影した写真を示しながら血痕の色調を説明した。

観察に立ち会った西澤美和子弁護士によると、今回取り出した布は3種類。血液を少量付けたものと多量に付けたもので、いずれも18日間乾燥させてから味噌に漬け込んでいた。

西澤弁護士は、いずれの布の血痕も「一見して赤みが感じられない程度に色調が変化していた」との見解を示した。立ち会った弁護団メンバー3人の共通認識だという。検察の実験は赤みが残りやすい条件で行われていたと指摘したうえで「それでも赤みが失われた意味は非常に大きい」と述べた。

実験結果を受けて弁護団の小川秀世・事務局長は「5点の衣類は犯行着衣とは言えないし、少なくとも犯行着衣であることに合理的な疑いが生じる。有罪の中心証拠が崩れるのだから、再審開始はほぼ間違いないと確信している」「5点の衣類が味噌タンクに投入されたのは発見直前ということになり、捏造をはっきり裏づけることになった」と力を込めた。さらに、検察が実施した実験による結果だったことを踏まえ、高裁が再審開始決定を出した場合に「検察の（最高裁への）特別抗告は許されない」とも言及した。

大善裁判長らは近くに寄って熱心に様子を見ていたといい、小川氏は「裁判官が（実験を）直接見るのは異例のこと。実験結果に関心を持ち、重要視しているのだろう」と推察した。

(3) 実験結果を裁判所がどう評価するかが焦点

弁護団と検察の双方は、12月2日までに最終意見書を提出する。高裁は、再審を開始するかどうかの決定を今年度中に出す意向を示している。

1年以上味噌に漬かった血痕に赤みが残るかどうかについては、高裁で証人尋問を受けた法医学者の見解は分かれている。弁護団は今回の実験結果を「赤みが残らないことが明らかになった」と評価する一方で、これまで検察の実験に対して「5点の衣類が味噌に漬かっていたタンクの状況と条件設定が異なり信用できない」と批判しており、弁護団が証人に請求した物理化学者も「条件が違いすぎる」と証言した。

このため高裁が「条件が違う」という理由で、検察の味噌漬け実験の証拠価値を認めない可能性もある。しかし、8トンもの味噌が入っていた50年以上前のタンク内の状態を正確に再現することは、およそ不可能だ。こうした事情を高裁がどう受けとめ、今回の実験結果をいかに評価するかが、決定のポイントになりそうだ。

(4) 支援団体が検察に再審開始決定を確定させるよう要請

日本プロボクシング協会袴田巖支援委員会やアムネスティ・インターナショナル日本、日本国民救援会など8団体でつくる「袴田巖さんの再審無罪を求める実行委員会」は11月9日、検察による味噌漬け実験の最終結果を受けて、東京高検に対し、即時抗告を取り下げて静岡地裁の再審開始決定を確定させるよう要請した。支援者からは「検察が今回の実験結果を新証拠にして再審を請求するべきレベルの事態だ」との声も出た。

要請後の記者会見には検察実験の最終観察に立ち会った間光洋弁護士もオンラインで参加し、「赤みが消えにくい条件設定であっても1年経つと血痕の赤みは失われることが、検察の実験によっても証明された。例外なく赤みは消えたと評価できる」と実験結果の意義を語った。

13 最終意見書を提出し差戻審が結審、検察は再収監を要求（2022年12月2日、12月5日）

袴田巖さんの弁護団と検察が12月2日、それぞれ最終意見書を東京高裁へ提出した。弁護団は12月5日、高裁で意見書の概要を陳述し、差戻審の審理は終結した。高裁は再審を開始するかどうかの決定を「今年度中には出したい」と明言したという。

12月5日の弁護団の意見陳述に先立ち、袴田さんが東京高裁を訪れ、大善文男裁判長らと面会した。最高裁で1980年に死刑判決が確定した後、1次、2次の再審請求審を通じて裁判官が袴田さんに会うのは初めて。

(1) 最大のテーマは5点の衣類が味噌タンクに投入された時期

差戻審のテーマと審理のポイントを改めて振り返る。

最大のテーマは、死刑判決が袴田さんの犯行着衣と認定した「5点の衣類」(半袖シャツ、ズボン、ステテコ、ブリーフ、スポーツシャツ)が、いつ味噌タンクに入れられたかだ。

5点の衣類は事件発生から1年2カ月後の1967年8月31日に、味噌タンクの底部で見つかった。このタンクでは事件20日後の1966年7月20日以降に計8トンの味噌が仕込まれており、味噌の取り出しが始まった翌年7月25日までは底部に入れることは不可能だった。袴田さんは1966年8月18日に逮捕されたので、犯人だとすれば事件発生から7月20日までの間にタンクに投入したことになる=表。

1966年6月30日	事件発生
7月20日	タンクに大量の味噌を仕込む →
8月18日	袴田さんを逮捕　タンク底部への投入は不可能
1967年7月25日	味噌の取り出しを開始 ←
8月31日	5点の衣類を発見

逆に言えば、5点の衣類が発見直前の1967年7月25日以降に味噌に漬けられたことが立証され、1966年7月20日までにタンクに投入されたことに疑義が出れば「袴田さんの犯人性の認定にも合理的な疑いを差し挟む可能性が生じ得る」（最高裁決定）のだ。

(2)「味噌に漬かった血痕の色調変化」が争点に

最高裁の決定（2020年12月）は審理を高裁へ差し戻すにあたって、5点の衣類に付いていた血痕の色合いに着目した。発見直後の調書や鑑定書は血痕を「濃赤色」「濃赤紫色」「赤褐色」と記すが、袴田さんの弁護団による味噌漬け実験では味噌の色の濃淡にかかわらず血痕は短期間で黒褐色化しており、検察の実験でも「遅くとも味噌漬けから30日後には黒くなり、5カ月後以降は赤みが全く感じられない」（最高裁の認定）という状態になっているからだ。

味噌に漬けた血痕の赤みが失われる化学的な要因が分かれば、5点の衣類がタンクに投入された時期を推定でき、その結果、発見直前に投入された可能性が立証されれば、この時期に隠すことが不可能だった袴田さんが犯人であることに合理的な疑いが生まれる、と最高裁は見立てた。

このため、差戻審では「味噌に漬かった血痕の色調変化」が争点になった。弁護団は、血痕が黒褐色化する化学的な機序を説明した清水恵子・旭川医科大教授（法医学）らの鑑定書を提出。

一方、検察は独自に、血液を付けた布を最長1年2カ月間、味噌に漬ける実験を行った。7～8月には5人の学者の証人尋問が高裁で実施された。

(3) 弁護団「1年以上味噌漬けされた血液に赤みは残らない」

弁護団の最終意見書はA4判149頁。「味噌に漬かった血痕の色調変化」を中心に、静岡地裁が新証拠と認めながら最高裁が信用性を否定したDNA鑑定にも頁を割いている。

弁護団は清水氏らの鑑定書をもとに、血液を赤くしているヘモグロビンが味噌の弱酸性の環境や塩分によって変性・分解、酸化してさまざまな色の物質に変化するため、それらが混ざることによって黒褐色化すると分析した。長期的には、血液中のたんぱく質と味噌の糖分が結合して起きるメイラード反応も加わり、「布に付着した血液が1年以上味噌漬けされた場合、血液に赤みは残らない」と主張した。

検察から鑑定が血液と血痕の違いを考慮していないと批判を受けたが、弁護団は「1年以上という期間は化学反応が十分に進行するだけの長い期間であり、血痕が赤みを残していることはないと言える」と反論した。検察からも「(鑑定書の)化学的機序そのものに対する異論、反論は提出されていない」とし、最高裁が求めた「専門的知見に基づく検討の必要性」に応えたと捉えている。

(4) 検察の味噌漬け実験は「赤みが残りやすい条件」

検察が差戻審で実施した味噌漬け実験に対しては、試料の中に脱酸素剤を入れ真空パックにして高嫌気の状態にしていたり、漬けた味噌が2〜2・5キロとタンクの8トンに対して極めて少なかったりと、5点の衣類とかけ離れた「血痕に赤みの残りやすい条件設定がなされている」と指摘した。一方で「にもかかわらず試料の血痕の赤みは期間の経過に伴って減退し、黒褐色化が進行していった」との受けとめを示した。

弁護団は結論として、5点の衣類は「発見直前に袴田さん以外の何者かが（味噌タンクに）入れたことが明らかとなった」とし、袴田さんの犯行着衣ではないから「袴田さんが犯人であることについて合理的な疑いが生じた」と立論して「速やかに再審が開始されるべきである」と強調した。

静岡地裁の再審開始決定が新証拠と認めたものの、最高裁が退けた本田克也・筑波大教授（法医学）による5点の衣類のDNA鑑定にも40頁近くを割き、最高裁決定に対し、試料の劣化や汚染という『『抽象的可能性論』のみ論じることによってDNA鑑定の証拠価値をすべて否定している」と非難した。本田氏は、袴田さんのものとされた半袖シャツ右肩の血痕と被害者4人の返り血とされた血痕のDNA型が、いずれも袴田さんや被害者の型と一致しないと判定していた。

(5) 検察：5点の衣類の血痕は「ドス黒い」「茶色ぽい」

検察の最終意見書はA4判58頁。ほとんどを味噌に漬かった血痕の色調変化の問題に充てている。

まず、5点の衣類が発見された当時、付着した血痕の色合いを味噌工場の複数の従業員が「ドス黒い」「茶色ぽい」と供述していたことを取り上げ、「黒・茶褐色系が強い色合い、すなわち相当程度『赤み』が後退した色調をイメージする必要がある」と指摘した。また、これまで弁護団と検察が実施してきた味噌漬け実験について「5点の衣類と異なる条件の下で行われていた」と位置づけ、それらの実験から「5点の衣類が味噌漬けされた場合にも同じ結果に至ること、あるいは、どのような条件であっても同じ結果に至ることを推認することはできない」との見方を示した。

清水氏らの鑑定書に対しては、5点の衣類に付着していたような血痕ではなく血液による実験を基にしていることを問題視した。血痕を血液と比較すれば「化学反応は起こりにくく、仮に起こるとしてもその反応速度は液体より遅い」とする検察側証人の法医学者の証言を引いて、「1年以上という長期間、衣類に付着した血痕が味噌漬けの環境に置かれた場合、条件の違いにかかわらず赤みが残ることはないか否かの判断を可能とする内容ではない」と鑑定書を批判した。

(6) 味噌漬け実験で「顕著な赤みを観察」と主張

差戻審で検察が独自に実施した味噌漬け実験については「5点の衣類がタンクで味噌漬けされた状況を精密に再現することは不可能であることが前提」と釈明した。そのうえで、①血液を多量に付着させた試料では、6点に4～6カ月後に顕著な赤みが残っており、他の2点は1年2カ月後に血痕の周辺部分などに赤みを観察した、②厚手の布と比較して薄手の布に付着させた血痕の方に、より赤みが残りやすい結果が出た——と記載。原因を「凝固、乾燥などにより化学反応が起こりにくくなった」と考察した。

そして「長期間味噌漬けされた血痕に赤みが残る可能性を十分に示すことができた」と評価し、「速やかに再審請求を棄却すべき」だと主張した。

目を引くのは、最後に「身柄収容について」の項を設け、再審開始とともに静岡地裁が決定した袴田さんの死刑の執行停止と釈放も取り消し、再収監するよう求めたことだ。検察は、①法律上、刑の執行停止決定は再審開始決定の存在を前提としている、②静岡地裁が挙げた執行停止の理由の根拠が失われている——と論理展開し、「袴田さんの生活状況や心身の状況等を考慮しても、なお拘置の必要性は高い」と記した。

(7) 裁判長が袴田さんと面会、「優しく接してくれた」

弁護団は12月5日午後の意見陳述後に記者会見し、同日午前に行われた袴田さんと大善裁判長の面会の様子も説明した。

面会は約15分間。袴田さんは長期の身柄拘束による拘禁反応の影響から、脈絡なく「この裁判は終わった」「死刑は廃止されなければならない」などと語ったそうだ。同席した姉の秀子さんは「裁判長は優しく巖に接してくれた」と印象を語った。

この後の弁護団の意見陳述では、秀子さんも「再審開始の判断をお願いします。巖に真の自由を与えてください」と訴えたという。

結審を受けて、間光洋弁護士は「味噌漬けになった血液の『赤み』をめぐる化学的な機序を、きちんとした理論と実験で裏づけることができた」と総括した。西嶋勝彦・弁護団長は「裁判所には十分納得してもらった。再審開始以外の材料はない」と自信を見せた。

14 再審の可否決定は3月13日、ボクシング協会などの支援活動が活発化（2023年2月6日）

袴田巖さんの再審を始めるかどうかの差戻審の決定が2023年3月13日に出ることになった。東京高裁が袴田さんの弁護団へ2月6日に通知した。

高裁は2022年12月に差戻審の審理が終結した段階で、決定を3月末までに出したいと明言し、1カ月前までに期日を通知する意向を示していた。弁護団によると1月末に高裁から連絡があり、3月13日か15日と提示された。高裁は弁護団の希望を受け入れる形で、最終的に3月13日に決めた。

(1) 前世界王者らが裁判所前でアピール

3月末までに決定が出ると告知されていたため、袴田さんの支援団体の間で「再審開始」を広く社会に訴える活動が活発になっている。

日本プロボクシング協会の袴田巖支援委員会は2月6日、東京高裁前で「支援アピール集会」を開いた。袴田さんが日本フェザー級6位のプロボクサーだったことから、ボクシング界は長

袴田巖さんの「再審無罪」をアピールする現・元チャンピオン＝2023年2月6日、東京高裁前（撮影／小石勝朗）

く支援を続けている。

集会には、前世界チャンピオンで2階級制覇を目指している中谷潤人さんら現役のボクサーをはじめ、元世界王者の飯田覚士さんら世界、東洋太平洋、日本の現・元王者を中心にボクシング関係者約60人が参加した。一人ひとりマイクを握り、「無罪を勝ち取って袴田さんを自由に」「良い決定が出ることを願っている」などと思いを語った。

支援委の新田渉世委員長（元東洋太平洋王者）は高裁の決定が3月13日になったことを紹介し、「『再審無罪』を訴え、世論を盛り上げていきたい。私たちが声を上げることで少しでも『再審無罪』に近づけたい」と集会の狙いを説明した。袴田さんは長期の身柄拘束による拘禁反応の影響で会話が噛み合わないことが多いが、釈放前に東京拘置所で新田さんと面会した際はボクシングの話で意気投合したそうで「袴田さんは『ボクシング人』。何とか救いたい」と意欲を示した。

(2) 袴田さんは車での外出が習慣に

事件が起きた静岡県清水市（現在は静岡市清水区）では1月29日、再審開始と無罪判決を求める集会が開かれた。「袴田巖さんを救援する清水・静岡市民の会」が毎年1月と6月に催しており、今回は約60人が参加した。

袴田さんが姉の秀子さんとともに元気な姿を見せ、登壇して思うところを朗々と語った。だが、昨年12月に東京高裁で差戻審の裁判長と面会した時の様子を聞かれると何も答えず、そのまま退出してトイレに寄った後は会場には戻らなかった。

秀子さんによると、袴田さんは自宅がある静岡県浜松市の中心部を歩いて回るのが日課だったが、最近は支援者の車で外出するのが習慣になった。「東京に行く」と言って出かけ、2、3時間ドライブして夕方帰宅するという。「まだ妄想の世界におります」と秀子さん。

袴田さんは3月の高裁決定の直前に87歳になる。秀子さんは2月8日が90歳の誕生日だ。時間との闘いが続く。

(3)「法と証拠と良心に従って再審開始決定を」

日本プロボクシング協会袴田巖支援委員会や日本国民救援会など9団体で構成する「袴田巖さんの再審無罪を求める実行委員会」は1月27日、東京高裁と東京高検に要請書を提出した。高裁への要請書は、大善文男裁判長らが昨年12月に袴田さんと面会したことに謝意を記したうえで、「勇気をもって様々なしがらみを断ち切り、法と証拠と良心に従って」再審開始決定を出すよう求めている。高検に対しては、差戻審の最終意見書で袴田さんの再収監を主張したことを強く批判し、今からでも即時抗告を取り下げて静岡地裁の再審開始決定を確定させるよう要請した。

これに先立ち、実行委のメンバーらは東京・有楽町駅前で街頭宣伝をした。超党派の国会議員でつくる「袴田巖死刑囚救援議員連盟」から顧問の鈴木宗男・参院議員と事務局長の鈴木貴子・衆院議員の親子も参加し、マイクを握った。

◇　◇　◇

東京高裁・差戻審の決定が出た。「完全勝利」と言える内容に、袴田さんの姉の秀子さんや弁護団、支援者は歓喜に包まれた。

15 東京高裁が再審開始の決定、捜査機関による証拠捏造の可能性に言及（2023年3月13日）

第2次再審請求の差戻審で、東京高裁（大善文男裁判長、青沼潔裁判官、仁藤佳海裁判官）は3月13日、死刑が確定した元プロボクサー袴田巖さん（87歳）の再審開始を認める決定をした。死刑判決が袴田さんの犯行着衣と認定した「5点の衣類」について、付着した血痕の色合いをもとに発見直前に第三者が味噌タンクに隠した捏造証拠だった可能性を指摘。捜査機関の関与に言及するなど、袴田さんの弁護団の主張を全面的に採り入れた内容になった。検察が最高裁へ特別抗告するかどうかが焦点になる。

(1) 裁判所の前で喜びが爆発

弁護団の「完勝」と言って良いだろう。決定文を受け取って東京高裁前に姿を見せた袴田さんの姉の秀子さん（90歳）は「（事件発生から）57年闘って、この言葉を待っていた。すごく嬉しい」と喜びを爆発させた。弁護団の小川秀世・事務局長は「5点の衣類は犯行着衣ではないとはっきり認めた」と決定の意義を強調した。

「再審開始」の垂れ幕を掲げる弁護士＝2023年３月13日、東京高裁前（撮影／小石勝朗）

第２次再審請求では、静岡地裁が２０１４年３月に再審開始と死刑・拘置の執行停止を認める決定をして、袴田さんは47年７カ月ぶりに釈放された。検察の即時抗告を受けた東京高裁は２０１８年６月、地裁の決定を取り消し袴田さんの再審請求を棄却する逆転の判断を下したが、最高裁は２０２０年12月に高裁の決定を取り消し、審理を東京高裁へ差し戻していた。今回の高裁決定は、２０１４年の静岡地裁の再審開始決定に対する検察の即時抗告を棄却した形になる。第２次再審請求を申し立ててから約15年が経過している。

笑顔が弾ける袴田巖さんの姉・秀子さん＝2023年3月13日、東京高裁前（撮影／小石勝朗）

(2) 争点を「血痕の赤み」に絞り込む

高裁決定は差戻審の争点を「1年以上味噌漬けされた衣類の血痕は赤みが消失することが化学的機序として合理的に推測できるか否か」に絞り込んだ。事件発生の1年2カ月後に味噌タンクで見つかった5点の衣類（半袖シャツ、ズボン、ステテコ、ブリーフ、スポーツシャツ）に付着した血痕の色合いを、発見直後の調書や鑑定書は「濃赤色」「濃赤紫色」「赤褐色」と記載しているが、弁護団、検察の実験では味噌に漬かった血痕は短期間で黒褐色化したためだ。

味噌タンクでの仕込みや逮捕の日にちを勘案すると、袴田さんが5点の衣類をタンク底部に投入できたのは事件が発生した1966年6月30日〜7月20日に限定される。高裁は決定で、5点の衣類の血痕には「十分赤みは残っていた」

と判断。そのうえで、1年以上味噌に漬かった血痕の赤みは消えると化学的に裏づけられれば、袴田さんが5点の衣類をタンクに隠して1967年8月末に発見されるまで1年以上味噌に漬かっていたとの死刑判決の認定に「合理的疑いを差し挟む」と見立てた。

(3) 弁護団が提出した鑑定書の信用性を認める

弁護団は差戻審で、旭川医科大の清水恵子教授（法医学）と奥田勝博助教（同）による鑑定書を提出した。血液を赤くしているヘモグロビンは、味噌に漬かると弱酸性の環境や塩分によって変性・分解、酸化してさまざまな色の物質に変化するため、それらが混ざって黒褐色化することを実験で立証。「布に付着した血痕を1年以上味噌に漬けた場合、赤みが残ることはない」と結論づけた。2人の見解を支持する石森浩一郎・北海道大学大学院教授（物理化学）の鑑定書も提出した。

高裁決定は、清水氏らの鑑定の根拠や推論の方法、結論や実験の手法について「不合理な点はない」と捉えた。検察は、①「血液」で実験しており「血痕」との差異を検討していない、②味噌タンク底部の酸素が乏しい環境を考慮していない——と批判したが、高裁は味噌の発酵・熟成の過程で生じる液体の「たまり」が浸透して血痕は水溶液に戻り、たまりに含まれる酸素によってヘモグロビンの酸化反応が進むとする清水氏らの説明を受け入れた。

証人尋問で検察が請求した別の2人の法医学者が述べた異論に対しても、高裁は「一般的、抽象的な反論にとどまっている」と一蹴。清水氏らの鑑定結果は「十分信用することができる」と評価した。

高裁は加えて、血液中のたんぱく質と味噌の糖分が結合して起きるメイラード反応によって血痕の褐色化が促進されたかどうかについても考察した。検察は5点の衣類が隠されていたタンクで仕込まれた味噌が淡色だったとして「強い褐変は起こらなかった」と立論したが、高裁は味噌が「相応に色がついた状態だった」と認定。「血痕も相当程度、褐変が進行するとみるのが合理的かつ自然」と分析した。

(4) 検察の実験でも血痕に赤みは残っていない

検察は差戻審で、血液を付けた布を1年2カ月間、味噌に漬けて血痕の色調変化を観察する実験を新たに実施した。その結果を踏まえて「長期間味噌漬けされた血痕に赤みが残る可能性を十分に示すことができた」と主張した。

これに対して高裁決定は、検察が味噌から取り出した布に付いた血痕の写真を、白熱電球を照射して撮影していることを問題視した。「白色蛍光灯下で撮影された写真に比べ、一般に被写体の赤みが増すとされている」と理由を挙げ、観察に立ち会った弁護団が白色蛍光灯の下でフラッシュをたいて撮影した写真に比べて「赤みが残りやすいように見えることが明らかに認められる」と批判した。

大善裁判長らは昨年11月に検察の実験を視察しており、その体験に照らして「弁護団が撮影した写真のほうが、実際に肉眼で見た試料の状況をより忠実に反映したもの」と判定し、検察の実験では「血痕に赤みは残っていないと評価できる」と言い切った。さらに検察の実験が味噌の量や酸素濃度、温度など「血痕に赤みが残りやすい条件のもとで実施された」と不備を提示し、実験結果はむしろ「1年以上味噌漬けされた血痕に赤みが残らないとの清水氏らの見解を裏づける」との受けとめを示した。

高裁はこれらの点を考慮したうえで、弁護団による味噌漬け実験の報告書が再審開始の要件である「無罪を言い渡すべき新規・明白な証拠」に当たると、静岡地裁の決定に続いて判断した。

(5) 自白調書の証拠価値は乏しい

高裁決定は、死刑判決が袴田さんの犯人性を認定する根拠とした「旧証拠」についても改めて検証した。たとえば、こんな具合だ。

死刑判決は袴田さんの「自白」調書45通のうち44通を「任意性に疑いがある」などとして排除したが、検事調書1通だけは証拠として採用した。これに対し高裁決定は、袴田さんがこの検事調書で5点の衣類ではなくパジャマを着て犯行に及んだと供述していることを挙げ、「犯行着衣という重要事実について死刑判決の認定と異なる」と指摘。「それ以外の部分についても（調書の）証拠価値は乏しい」と切り捨てた。

5点の衣類のズボンには右足の脛の位置に損傷があり、袴田さんの右足の脛の傷と符合するとして「犯行時に被害者に蹴られてできた」とされ、犯行着衣と認定する重要な要素になった。しかし、袴田さんの逮捕当日の身体検査調書にこの傷の記録はなく、約20日後に初めて確認されていた。高裁決定は、傷が「逮捕時の身体検査で発見されないことは考えがたい」と疑問を呈したうえで、「右脛の傷は逮捕後に生じたもので、それに沿うように袴田さんの自白調書が作られ、それに沿うようにズボンの損傷が右脛の傷に合わせて作出されたのではないかとの疑いを生じさせる」と弁護団の主張に同調した。

(6)　5点の衣類が袴田さんの犯行着衣との認定に合理的疑い

高裁はこれら新旧証拠を総合評価した結果、「5点の衣類が1年以上味噌漬けされていたことに合理的な疑いが生じている」と判断した。5点の衣類は「事件から相当期間が経過した後に、袴田さん以外の第三者がタンクに隠匿した可能性が否定できない」と捏造の疑いを明言し、さらに「事実上、捜査機関の者による可能性が極めて高い」とまで踏み込んだ。

そのうえで、5点の衣類が袴田さんの犯行着衣であることと、袴田さんが犯人であるとの死刑判決の認定に「合理的疑いが生じることは明らか」として、再審開始の結論を導いた。

(7) 釈放は「相当」と支持

差戻し前の高裁審理では、5点の衣類に付着した血痕のDNA型が袴田さんのものでも被害者4人のものでもないとした本田克也・筑波大教授（法医学）の鑑定の信用性が大きな争点になったが、今回の決定はDNA鑑定について「再審開始を認めるべき証拠に該当するかどうかを改めて判断するまでもなく」とだけ記した。

検察は、静岡地裁による死刑・拘置の執行停止を取り消し、袴田さんを再収監するよう求めていた。しかし、高裁は「袴田さんが無罪になる可能性、再審開始決定に至る経緯、年齢や心身の状況などに照らして、（地裁の判断を）相当として支持できる」と断じ、釈放の継続を認めた。

(8) 「特別抗告するな」の声が渦巻く

袴田さんの弁護団は高裁決定を受け、日本弁護士連合会（日弁連）の幹部とともに記者会見に臨んだ。「検察は特別抗告せず速やかに再審公判に臨んでほしい」（小林元治・日弁連会長）との声が渦巻いた。

西嶋勝彦・弁護団長は「全論点で検察の主張を排斥した画期的な内容だ」と高裁の決定を評価し、「内容を見れば特別抗告できないことは明らかだ」と検察を牽制した。血痕の色問題を担当してきた間光洋弁護士は、大善裁判長らが検察の味噌漬け実験を視察したことに触れ、「見に行かないと血痕の赤みが消失していることは分からなかった。自信を持って判断してくれた」と称賛した。

「特別抗告されようが、とにかく頑張っていく。再審開始を見届けるのが私の仕事。早く死刑囚でなくなってほしい」。袴田さんの姉の秀子さんは言葉を振り絞る。静岡地裁の再審開始決定から9年を要し、ようやく同じ地点に戻ってきた。検察には「特別抗告は引き延ばしでしかない」との批判に真摯に向き合うことが求められる。

16 検察が最高裁への特別抗告を断念、再審公判で無罪判決が確実に（2023年3月20日）

第2次再審請求の差戻審で、袴田巖さんに東京高裁が出した再審開始決定に対し、検察は3月20日、最高裁への特別抗告を断念した。憲法違反、判例違反といった特別抗告の理由が見当たらないと判断し、再審開始を受け入れた。1980年に死刑が確定した袴田さんの再審公判

検察の特別抗告断念を受けて記者会見に臨む弁護団の西嶋勝彦団長（左）と小川秀世事務局長＝2023年３月20日、東京・霞が関の司法記者クラブ（撮影／小石勝朗）

は数カ月後にも静岡地裁で開かれ、無罪判決が言い渡されることが確実視される。

(1)「特別抗告の申立て事由があるとの判断に至らず」

東京高検の次席検事が特別抗告の期限だった3月20日、「東京高裁の決定には承服し難い点があるものの、法の規定する特別抗告の申立て事由があるとの判断に至らず、特別抗告しないこととした」とのコメントを発表した。

死刑事件で再審が実現するのは、免田事件、財田川事件、松山事件、島田事件に次いで5件目。これまでの4件はいずれも無罪が確定しており、袴田さんの再審無罪が確定すれば島田事件の1989年以来となる。

(2) 弁護団長らが会見で感極まる場面も

袴田さんの弁護団は20日の午後4時半から、東京・霞が関の司法記者クラブで記者会見を予定していた。「検察が特別抗告を断念」の一報は会見の開始直前に入り、弁護団と支援者は喜びに包まれた。

弁護団の小川秀世・事務局長によると、担当検事から「特別抗告をしないことになった」旨の電話連絡が入った。小川氏は「思わず『ありがとうございます』と返答した。本当に嬉しかったので」と苦笑いしながら声を詰まらせた。

西嶋勝彦・弁護団長は検察の対応について「当然だ。高裁の決定は、あれだけ詳細に検察の主張が成り立たないことを示した。いくらあがいても恥をかくだけだった」「特別抗告する理由は全くないと、高裁の決定直後から感じていた」と強調した。「再審請求審で9割9分、主張・立証は出尽くしており、（再審公判は）そんなに時間がかからないと思う」と今後の見通しを語り、「一刻も早く無罪判決を」と力を込めた。感極まった様子で言葉が途切れ、顔を伏せる場面もあった。

袴田さんの姉・秀子さんもオンラインで会見に参加。「これで安心。巖にも説明したが、分かったんだかどうだか。（無実を主張していた）巖の言う通りになっている。このまま進んでいってほしい」と落ち着いた口調で話した。

袴田さんの弁護団と支援者はこの日も、東京高検が入る庁舎の前で特別抗告しないよう求めて座り込みをしていた。

(3) 「無実の人を救済する突破口に」

翌日の3月21日には静岡市で報告集会があり、約１５０人が改めて再審開始の確定を祝った。袴田さんも姿を見せた。

西嶋弁護団長は「捜査機関が捏造をするわけがないという神話に裁判所がとらわれていた」と事件発生から再審開始の確定まで約57年もかかった理由を断じ、今回の高裁決定を「無実の人の救済の道が開かれる突破口にしたい」と意欲を見せた。講演した映画監督の周防正行さんは、今回の決定を受けて「再審請求段階での証拠開示と検察による抗告の禁止をすぐに実現するべきだ」と再審法制の改正を進めるよう提言した。

弁護団のメンバーからは差戻審での苦労や内情も披露された。長期間味噌に漬かった血痕に赤みが残らないことを立証するにあたって、意見書を依頼した10以上の研究者・機関から断られたことや、検察による味噌漬け実験を1年2カ月間続けさせるかどうかをめぐって弁護団に両論があったことが明かされた。

秀子さんは「巖のことは私の運命。つらい、悲しいと言っている余裕はなかった。本人は再審開始を当たり前だと思っている。再審まで半年・1年かかるので、これからが正念場です」と語り、大きな拍手を受けた。

第3章
再審の初公判まで続く攻防

再審開始が決まったとはいえ、すんなりと公判が始まったわけではなかった。袴田巖さんの弁護団が「早期の無罪判決」を強く要請したにもかかわらず、結果的に初公判まで約7カ月を費すことになる。

再審公判を担当する静岡地方裁判所は、検察が特別抗告断念を表明した3週間後に早速、裁判所と弁護団、検察による最初の事前三者協議を開いた。弁護団や支援者は早期判決への意欲の表れかと期待した。しかし、検察が引き延ばしとも受け取れる姿勢を見せると、弁護団の猛反発にもかかわらず、地裁はあっさり容認。いつ再審公判が始まるのか見通せない状況がしばらく続いた。

1　第1回事前協議……検察が方針決定に3カ月を要求、裁判所も容認（2023年4月10日）

袴田事件（1966年）で死刑が確定した元プロボクサー袴田巖さん（87歳）の再審（やり直し裁判）開始が決まったのを受け、裁判所と袴田さんの弁護団、検察による第1回事前協議が2023年4月10日、静岡地方裁判所（國井恒志裁判長）で開かれた。弁護団が再審公判を早期に始めて無罪判決を出すよう求めたのに対し、検察は公判への対応方針を決めるのに3カ月の期間が必要と主張し、地裁も容認した。再審公判が始まるのは早くても9月以降になりそうで、弁護団は強く反発している。

(1)　弁護団は一刻も早い無罪判決を要請

事前協議は非公開で行われ、終了後に弁護団が静岡市内で記者会見をして概要を説明した。弁護団は協議にあたり「再審公判進行についての意見書」を地裁へ提出した。再審公判の目的を「一刻も早い無罪判決を得て袴田巖氏を死刑囚の地位から解放させる」とし、さらに死刑判決が「捏造証拠による冤罪であることを万人のもとに明らかにする」と強調。検察に対し、

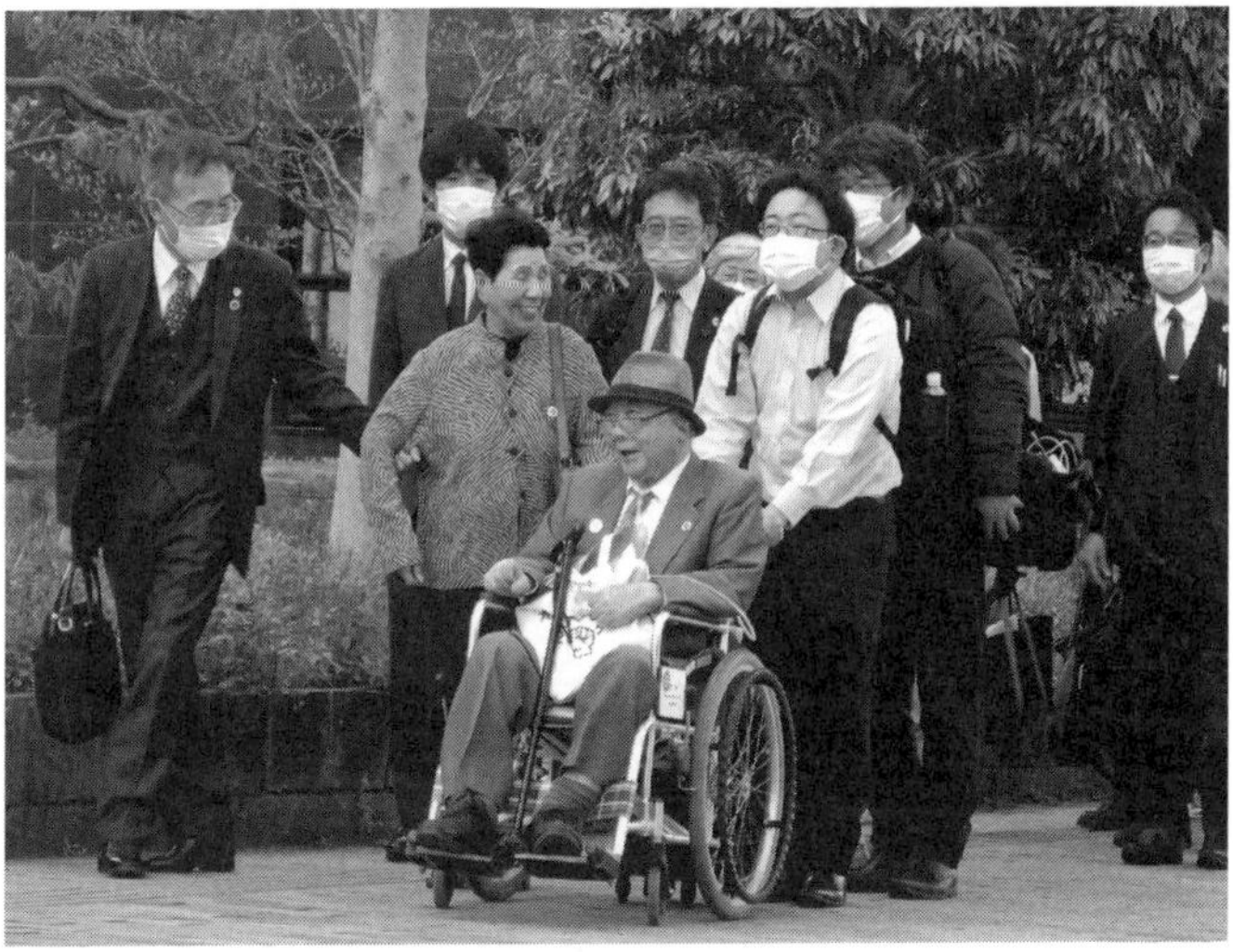

談笑しながら事前協議へ向かう袴田巖さんの姉・秀子さんと弁護団＝2023年４月10日、静岡地裁前（撮影／小石勝朗）

新たな有罪の立証をせずに、積極的な無罪論告をしたうえで袴田さんに謝罪するよう求めた。

　地裁に対しては、審理を1日で終結させ、できるだけ早く無罪判決を出すことを要請。袴田さんの公判への出廷について、長期の身柄拘束による拘禁反応（精神障害）で心身が不安定だとして、刑事訴訟法が規定する「回復の見込みのない心神喪失者」（451条2項）と認定し出頭を免除するよう依頼した。

(2) 確定審の記録が来ていない

　再審開始が決まったのを受けて、再審請求審の記録は1次、2次の分ともすでに静岡地裁に届いている。一方、確定審の記録は地裁が静岡地検から取り寄せることになるが、協議で現況を尋ねたところ、地検は「記録が上級庁にあり、まだ地検に来ていない」と答えた。

そのうえで地検は「主張・立証の方針と請求する証拠の範囲を3カ月後に明らかにする」と表明し、7月10日までの猶予を求めた。弁護団は「長すぎる」と反発したものの、地裁は「必要ならやむを得ない」と了承したという。弁護団の「有罪立証するのか」との問いには、地検は「今はお答えできない」とだけコメントした。

弁護団が年内に判決を出すよう改めて求めたのに対し、地裁は「時期は調べる証拠の量によって決まるので、いつになるかはまだ分からない」との姿勢だった。また、1回の公判で審理を終結させるのは難しいとの見通しを明かしたが、集中審理をして公判から判決までの期間を短くすることには理解を見せたという。袴田さんの出廷については、再審公判の日程が決まった段階で判断する方針を示した。

このほか地裁は、再審公判では検察の論告と弁護団の弁論を中心に据え、証拠調べは限定的にする意向を伝えた。犯罪が行われた事実（事件性）については争いがないため最小限にとどめ、「犯人性」に関する証拠のうち確定審に提出されたものを厳選して審理する考えだ。そのために、まずは共通の証拠リストを作成するとした。

地裁は今後の事前協議の日程として5月29日と6月20日、さらに7月19日（未確定）を指定した。

第１回事前協議の終了後に記者会見する袴田巖さんの弁護団＝2023年４月10日、静岡市葵区の静岡県産業経済会館（撮影／小石勝朗）

２回は検察の「回答期限」より前になるが、それぞれの取組みの状況を確認しながら必要な準備を進めるとみられる。

(3)「再審妨害」と検察の対応を非難

弁護団の記者会見では怒りの声が渦巻いた。

「検察が東京高裁の再審開始決定に対し特別抗告を断念したのは、有罪の立証ができないと認識したからだ。検察の方針が決まらないと弁護団の方針も確定しない」と小川秀世・事務局長。「記録が来ないのでは裁判所も公判を開きたくてもできない。現段階では検察が円滑な進行を妨げている」（笹森学弁護士）という見方だけでなく、「検察は有罪立証をして蒸し返そうとしている」（村﨑修弁護士）との非難も飛び交った。

弁護団も確定審の記録や再審請求審で提出した

証拠を選別する必要があるため、公判まで多少時間がかかるのはやむを得ないとしても、「3カ月は長すぎる」との受けとめで一致していた。

西嶋勝彦・弁護団長は「誠に心外だ。再審請求審の高裁決定において、検察の主張はすべての論点で完膚なきまでに叩かれた。再審公判で我々は検察に新しい証拠の提出を許さないし、そもそも新証拠の出しようはない。旧証拠で有罪にできるはずはなく、検察が有罪立証をしても空論に終わる」と語気を強めた。

弁護団の中には「検察の時間かせぎ。高齢の袴田さんが亡くなるのを待っているとしか思えない」との声まである。検察の対応は再審妨害だとして、近く改めて抗議するとともに、有罪立証の放棄と無罪論告を速やかに決断するよう申し入れる方針だ。

そんな中で、袴田さんの保佐人として再審請求をした姉・秀子さん（90歳）は会見でも冷静だった。再審公判に補佐人として参加するため、就任届を地裁へ提出。「ここまで来れば先が見えているから安心している。半年・1年は何でもない」と淡々と語った。

2 検察は「有罪の立証をしない」と表明を、袴田巖さんの弁護団が申入れ（2023年4月20日）

袴田巖さんの再審（やり直し裁判）へ向け、検察が対応方針を決めるのに3カ月が必要と主張したことに対し、袴田さんの弁護団は4月20日、東京高検を訪ね、再審公判の速やかな進行に協力するよう申し入れた。そのためにも検察は有罪の立証をしない方針をただちに表明すべきだと、改めて求めた。日本弁護士連合会（日弁連）も4月19日に「速やかな再審公判開始」を訴える会長声明を出しており、検察の姿勢に批判が強まっている。

(1) 3カ月の要求は「何の理由もない暴挙」

弁護団は申入書で、検察が公判への対応方針を明らかにするのに3カ月を要求したことを「何の理由もなく、しかも袴田巖さんが置かれている状況をまったく考慮しない暴挙」と非難した。再審請求審は1次、2次を合わせて40年以上にわたっており、申入書は「検察はさまざまな論点について主張・立証を尽くした」としたうえで、東京高裁の再審開始決定に対し特別抗告しなかったのも「すべての記録を十分に検討した結果だったはず」と指摘。そうであれば「すでに再審公判で有罪立証をするか否かの方針は決まっていなければならない」との見解を示し、その方針は「有罪立証をしないこと」と断じた。

さらに「袴田さんが今でも命を奪われる恐怖感に苛まれており、平穏な普通の生活を取り戻せない状態であることを深刻に受けとめていただきたい」と要請。袴田さんと姉・秀子さんが高齢であることにも触れて「1日も無駄にすることはできない」と強調した。

再審公判を担当するのは静岡地検だが、「上級庁が指示しているのは公知のこと」として東京高検に申し入れたという。

(2) 検察は「審理を引き延ばすつもりはない」

申入れには弁護団の4人が参加し、非公開で行われた。終了後に東京・霞が関で記者会見した弁護団によると、高検は先の再審請求審を担当した検事が応対し、やり取りは1時間近くに及んだ。

弁護団は「3カ月も必要というのは間違っている」「有罪立証の検討はあってはならない」と強く主張し、審理手続のスピードアップを求めた。検事は具体的な返答はしなかったものの、「審理を引き延ばすつもりはない」「袴田さんが亡くなるまで待とうなどという話は出たことがない」旨の発言をしたという。

静岡地裁が再審公判の審理方針として、確定審の証拠を一括して引き継がずに弁護団と検察の双方に「厳選」するよう求めたことに対しては、検事も弁護団と同様に違和感を表明。弁護団が再審無罪になった足利事件を例に、高検で再審請求審に携わった検事が再審公判を担当してはどうかと水を向けたところ「そういう発想はなかった」との反応を見せたそうだ。確定審の記録を4月10日の事前協議までに静岡地検へ送らなかったことについては、問題だとは認識していない様子だったという。

日本国民救援会、袴田巖さんを救援する清水・静岡市民の会、袴田さん支援クラブの3団体も4月20日、東京高検に対し、1日も早い再審公判の実現に「積極的に協力」をするよう要請した。有罪立証の放棄とともに、未開示の証拠をすべて明らかにすることも求めている。3団体は4月18日には静岡地検にも同様の要請をした。

(3) 日弁連も会長声明で「一刻も早い無罪判決を」

日弁連は4月19日に小林元治会長名で声明を出し、「速やかに再審公判が開始され、一刻も早く無罪判決により袴田巖氏の雪冤が果たされることを強く求める」と訴えた。

声明は、長期に及んだ再審請求審で「5点の衣類」が袴田さんの犯行着衣かどうかをめぐり弁護団と検察の双方が十分に主張・立証をしており、「その結果、確定(死刑)判決に合理的な疑いが生じたとの(裁判所の)判断がなされている」と指摘。「実質的な審理は再審請求手続の段階ですでに尽くされているというべきで、もはや新たな有罪立証を行うことは許されない」と検察にクギを刺した。

そのうえで、検察が再審公判への対応方針を決めるのに3カ月を要求したことを「手続の長期化が懸念される」と問題視。袴田さんの年齢や心身の状況も踏まえ、再審請求審での議論を蒸し返すことなく「その成果を尊重し、迅速な審理により無罪判決がなされるべきである」と強調した。

小林会長はこの日の記者会見で「（袴田さんに）これ以上過酷な時間を強いることはやめてほしい。やめなければいけない」と述べた。

◇　◇　◇

静岡地裁が最初に袴田さんの再審開始を認める決定を出してから9年以上が経つ。紆余曲折を経て再審が具体化したタイミングで、退官した当時の担当裁判長が口を開き始めた。

3　9年前に再審開始を決定した村山浩昭・元裁判長が述懐、「常識論として捏造しかないと思った」（2023年5月19日）

袴田巖さんの第2次再審請求審で、2014年に再審開始と釈放を認める決定をした静岡地裁元裁判長の村山浩昭弁護士（66歳）が5月19日、東京都内で開かれた集会で当時の審理を振り返った。村山さんは死刑判決の根拠となった「5点の衣類」が「常識論として捏造しかないと思った」と述懐。また、再審請求の審理に時間がかかりすぎるとして、今後、再審法制の整

袴田事件の審理を振り返る村山浩昭・静岡地裁元裁判長（右）。水野智幸弁護士（左）と対談した＝2023年５月19日、東京・永田町の参議院議員会館（撮影／小石勝朗）

備に尽力する意向を示した。

(1)　5点の衣類のDNA鑑定と味噌漬け実験を新証拠に認定

村山さんは２０１２年８月に静岡地裁に着任し、裁判長として袴田事件の再審請求審を担当した。焦点は、事件発生の１年２カ月後に味噌醸造タンクで見つかり、死刑判決が袴田さんの犯行着衣と認定した「５点の衣類」だった。

２０１４年３月の地裁決定は５点の衣類に付着した血痕をめぐり、袴田さんや被害者４人のものとは異なるとしたＤＮＡ鑑定と、赤みが残っていたのは発見直前に味噌に漬けられたためだとする弁護団の実験結果を「無罪を言い渡すべき新規・明白な証拠」と受け入れた。

さらに5点の衣類が捜査機関によって「捏造された疑い」に言及し、再審開始の結論を導いた。決定には死刑だけでなく拘置の執行停止（釈放）も盛り込み、袴田さんは逮捕から47年7カ月ぶりに身柄の拘束を解かれて東京拘置所を出た。

村山さんは19日、市民団体「再審法改正をめざす市民の会」が東京・永田町の参議院議員会館で開いた集会に参加した。やはり元裁判官で袴田さんの弁護団メンバーの水野智幸弁護士の質問に答える形で、審理を回顧した。集会には袴田さんと姉の秀子さんも姿を見せており、村山さんは開会前に別室で袴田さん姉弟と面会した。

(2)「裁判官がみんな迷っている」との印象

村山さんは確定審で静岡地裁が出した死刑判決（1968年）を「異様」と表現した。判決文の最初に「自白調書の排除」が書かれており、無罪判決のスタイルだからだ。控訴審の東京高裁では、5点の衣類のズボンを袴田さんがはけるかどうか何度も法廷で実験しており、「裁判官がみんな迷っている」との印象を持ったそうだ。

「アテにならない証拠はたくさんあった」と村山さん。再審請求審のポイントは、やはり5点の衣類で、「これが崩れればほかには（有罪を）支える証拠はない」と捉えて全力で検討したという。

当初は「まさか警察がこんなに大がかりなこと（捏造）をやるのか」と疑問視していた。しかし、審理を進めるにつれ「1年2カ月後に味噌樽から血染めの衣類が見つかるのは偶然ではあり得ない。（隠したのは）真犯人か捜査機関だが、真犯人がそんなに危険なところに近づくとは思えない」との判断に至り、「常識論として捏造しかないと思った」と強調した。

(3) あとで批判を受けようとも釈放するしかない

静岡地裁の決定までは、死刑事件で再審開始決定が出ても停止されるのは刑の執行だけで、拘置の執行停止（釈放）にまで踏み込んだのは異例だった。決定は「拘置をこれ以上継続することは、耐え難いほど正義に反する状況にあると言わざるを得ない」と断じた。

村山さんは決定を出す前に東京拘置所を訪ね、袴田さんと面会しようとしたが房から出てこなかった経緯に触れたうえで「袴田さんの健康状態が危ぶまれており、特に精神的に限界にきていた」ことを理由に挙げた。さらに、有罪の根拠だった5点の衣類が捏造だった疑いが濃厚になった以上は「あとで批判を受けようとも釈放するしかないという結論になった」と説明した。

検察は地裁決定を不服として即時抗告。これを受けて東京高裁が2018年に再審開始を取り消す逆転の決定をしたことに対しては「驚いた。袴田さんと秀子さんに申し訳ないと思った」と感想を語り、「（自分たちが）つけ入るスキのない決定が書けなかったか」と悔いたそうだ。

2023年3月に改めて再審開始を認めた東京高裁・差戻審の決定には、裁判官が検察による味噌漬け実験の現場を視察したことを評価したうえで「弁護団と検察の双方の見解を挙げて、論理的にどちらが正しいか判断した。姿勢、中味ともに素晴しい決定をした」と称賛した。再審公判へ向け「袴田さんの年齢を考えると、できるだけ速やかに審理をして判決を」と希望を述べた。

(4) 再審法制の整備が必要と確信

村山さんが袴田事件の再審請求審を経験して問題だと感じたのは、審理に時間がかかりすぎることだ。第1次再審請求では申し立ててから最高裁が請求棄却決定を出すまでに27年を要しており、この事件にかかわったことで「再審の規定がないからこういうことになっている」と考えるようになった。今回の集会の1年半前に裁判官を定年退官した時には、再審法制の整備が必要だと確信していたそうだ。

「法律家は（再審法制）改正の研究や努力を怠ってきた。いつまでも冤罪を救済されないままの人が、なるべく早く救済される道を整えたい。いま変えなくてはいけない」

裁判官の中でも「袴田事件のような事案を担当した人でないと分からない部分はある」としながらも、「変えてもいいと思っている人はそれなりにいる」との感触を示した。そして「元裁判官として、これから再審請求事件を担当する裁判官のためにも、きちんと取り組めるルールを定めたい」と力を込めた。

4　第2回事前協議……冒頭陳述の要旨を7月までに、裁判所が要請も検察は受入れを留保、袴田巖さんの出頭は求めない意向（2023年5月29日）

袴田巖さんの弁護団と裁判所、検察による第2回事前協議が5月29日、静岡地裁で開かれた。地裁は弁護団と検察に対し、再審公判での冒頭陳述の要旨の提出と証拠調べの請求を7月10日までにするよう要請。弁護団は了承したが、検察は受入れを留保した。地裁はまた、袴田さんの公判への出廷について「強制的に連れてくることは考えていない」と述べ、事実上、出頭を求めない意向を表明した。

(1)「進展が見られた」と弁護団は評価

4月10日の第1回事前協議では、検察が公判への対応方針を決めるのに3カ月の期間が必要だと主張し、地裁も容認したため、早期の公判開始と年内の無罪判決を求める弁護団は強く反発していた。

今回の地裁の要請を、弁護団は「進展が見られた」（西嶋勝彦団長）と評価している。一方で、検察が要請を「聞き置く」だけの態度を取り、立証方針も依然として明らかにしなかったことから、再審公判が長期化することへの警戒を緩めていない。

事前協議は非公開で行われ、終了後に弁護団が静岡市内で記者会見して概要を説明した。今回から検察は、静岡地検の検事とともに東京高検の検事が参加。上級庁の高検がイニシアティブを取って協議に臨んでいるという。

(2) 裁判所の対応に抗議する意見書

弁護団は事前協議に先立ち5月25日に意見書を提出し、前回協議で検察の主張を容認した地裁の対応に抗議した。

意見書は、再審公判へ向けて検察がすべき判断は「日常的に行っている起訴するか否かの判断と同様のもので、確定審と再審請求審の記録の精査に3カ月もかかるなどという言い訳は通らない」と強調。3カ月の理由を問うことさえしなかった國井恒志裁判長の訴訟指揮を「迅速な裁判を受ける権利を無視した不公平で不適切なもの」と強く批判し、速やかに検察に立証方針を明らかにさせるよう要求していた。

地裁が今回の協議で双方に冒頭陳述要旨の提出と証拠調べ請求を要請したのは、弁護団のこうした主張も踏まえて再審公判の準備を加速させるためとみられる。地裁は期限を、検察が立証方針を表明するとしている7月10日に設定。相手方の証拠調べ請求に対する意見も示すよう求めており、地裁はこれらをもとに審理計画を立てる方針だ。この日の協議では再審公判の具体的な日程に言及しなかったものの「審理の早期終結」には同意した。

弁護団が地裁の要請を受け入れる一方で、検察は「要請は承ったが約束はできない」との姿勢を崩さなかった。弁護団は「有罪立証をするのか」「新たな証拠を出すのか」とも尋ねたが、検察は「可能性は排除していない」との受け答えに終始し、補充捜査の有無も「言えない」とした。理由については「重大事件だから」と釈明しただけだったという。

弁護団の小川秀世・事務局長は「検察の対応は第1回協議の範囲を出ていない。『裁判所の要請を聞いた』と繰り返すだけで（受け入れると）約束しない理由も明らかにしておらず、何も言わないのと同じだ。強い怒りを感じる」と語気を強めた。

(3) 姉が袴田さんの現況を説明、診断書も提出

事前協議の終盤では、再審公判に袴田さんの補佐人として参加する姉の秀子さんが、袴田さんの生活や会話の現況を10分ほど説明した。歯磨きやトイレに時間がかかることや、妄想の世

界にいて普通の会話が成立しないことを話したという。「裁判官は熱心に聞いてくれました」と秀子さん。

弁護団は、袴田さんが長期の身柄拘束により精神障害の一種である「拘禁反応」を患っているとする医師の診断書を5月15日に地裁へ提出した。診断書には「公判に出頭しても意味のある対応をすることが不可能な状態である」「強引に出頭させて手続きを進めた場合は身体的・精神的不調をきたすおそれがある」と記載されている。

弁護団はさらに5月25日付の意見書で「とても裁判に出頭できる状態ではない」「裁判所への出頭を強制されることは恐怖でしかない」と主張。刑事訴訟法が規定する「回復の見込みのない心神喪失者」（451条2項）と認定し、再審公判への出頭義務を免除するよう改めて求めていた。

地裁はこうした動きを受ける形で、秀子さんの説明後に、袴田さんを再審公判へ「強制的に連れてくることは現段階では考えていない」と述べたという。この問題は大きなテーマだっただけに、弁護団と秀子さんは会見で「良かった」と安堵の表情を見せた。ただ、地裁の最終的な判断は、再審公判の期日が決まった時点になりそうだ。

5 第3回事前協議……裁判所が事前協議の日程を追加、再審公判は11月以降の可能性も（2023年6月20日）

袴田巖さんの弁護団と裁判所、検察による第3回事前協議が6月20日、静岡地裁で開かれた。地裁は事前協議の日程として、すでに決まっていた7月19日に加えて9月～10月下旬の3回を指定した。弁護団は早期の再審公判と年内の無罪判決を求めてきたが、公判は11月以降になる可能性が出てきた。

(1) 検察は曖昧な態度に終始

事前協議は非公開で行われ、終了後に弁護団が静岡市内で記者会見して概要を説明した。今回の協議は再審公判を開く予定の法廷を使い、証拠調べの方法など「技術的な話」（西嶋勝彦・弁護団長）に時間が割かれた。

これまでの事前協議で焦点になっているのは検察の立証方針だ。しかし、検察はこの日の協議でも、従来の主張通り7月10日までに立証方針を書面で提出すると述べるにとどまり、内容は明かさなかった。また、前回の協議で地裁が要請した、同日までの冒頭陳述要旨の提出と証拠調べ請求についても応じるかどうかは「確約できない」として明言せず、「裁判所が審理計画を立てるのに支障がない程度に『証拠の範囲』を明らかにする」と説明したという。

一方、弁護団は地裁の要請に応えて、7月10日までに冒頭陳述要旨の提出と証拠調べ請求をすると表明した。冒頭陳述の内容について、弁護団の小川秀世・事務局長は「（死刑判決が袴田さんの犯行着衣と認定した）5点の衣類が捏造証拠であるとの判断を求め、袴田さんは無罪だと確認したい」と強調した。

(2) 裁判長は「法廷でしっかり証拠調べをしたい」

地裁はこうした状況も踏まえ、事前協議の日程として9月12、27日と10月27日を追加で指定した。7月10日までに出てくる双方の主張や証拠を見たうえで争点を整理し、どんな証拠をどのくらいの時間をかけて審理するかをこれらの期日で詰めるとみられる。

國井恒志裁判長は協議で「法廷でしっかり証拠調べをして心証を取りたい」と語っており、準備も丁寧にする意向のようだ。検察が有罪の新たな立証をしなければ審理計画が早めに立ち、事前協議の期日が取り消されて早期に再審公判が開かれる可能性はあるものの、弁護団は「裁判所はそんなに早い（公判の）予定を考えているわけではない印象だった」（小川氏）と受けとめている。

事前協議が10月27日まで行われれば、再審公判は早くても11月以降になる。弁護団は「これまでの例をみると公判終結から判決まで3カ月程度はかかる」と想定しており、1～2回の公判で結審したとしても、その場合、判決は今年度末に近づく見通しだ。

(3) 「検察は有罪立証を模索している」との見方

態度を明確にしない検察に対し、弁護団の中では「有罪立証をしようと模索している」との見方が出ている。地裁が事前協議の日程を追加したのも、検察が有罪立証することを念頭に置いているためではないかと推測する。

小川氏は会見で検察の対応を「7月10日に示すのが立証方針だけなのかはっきりせず、取調べを請求する証拠の範囲も曖昧だ。有罪立証をするかどうかはすでに決まっているはずで、いたずらに期日を引き延ばしているだけだ」と非難した。

◇　◇　◇

約束した3カ月後に出てきた検察の方針は「有罪立証」だった。

6 検察が「有罪」を立証の方針、弁護団は「蒸し返し」と強く反発（2023年7月10日）

袴田事件の再審公判へ向けて、検察は7月10日、袴田巖さんに対し「有罪」の主張立証をする方針を明らかにした。事件発生の1年2カ月後に味噌に漬かって見つかった「5点の衣類」が袴田さんの犯行着衣だと強調し、「付着した血痕に赤みが残り得ること」を柱に据えるという。ただ、このテーマは東京高裁の差戻審で最大の争点となり、高裁は「血痕は短期間で黒褐色化する」と判断して再審開始決定を出した経緯がある。審理が長期化するおそれがあることから袴田さんの弁護団は「蒸し返しだ」と強く反発し、検察に方針の撤回を求めている。

(1) 「袴田さんが犯人」と掲げる

「検察官は、被告人が有罪であることを主張立証する」

検察は静岡地裁へ提出した意見書の冒頭にこう記し、主張立証の骨子として、①5点の衣類は袴田さんの犯行着衣であること、②1年以上味噌に漬かった5点の衣類の血痕に赤みが残ることは何ら不自然ではないこと――を挙げた。

主張立証する事項の最初に掲げたのは「袴田さんが犯人であること」。事件現場に近接する味噌工場内にあった雨合羽や混合油が犯行に使われたとみられることなどから「犯人が工場関係者であることが強く推認される」とし、従業員だった袴田さんは事件当夜、工場2階の寮の部屋に1人で寝泊まりしていたため「犯行に及ぶことが可能だった」と指摘した。

5点の衣類については「多量の血痕が付着し、かつ損傷している状況から、犯行着衣であることが推認される」との見方を示した。事件前に袴田さんが着ていた衣類と酷似しており、そのうちのズボンの端切れが袴田さんの実家のタンスで発見されたなどとして「5点の衣類はすべて袴田さんのものと認められる」と強調した。

確定審の高裁審理で行われた装着実験で袴田さんがこのズボンをはけなかったことについては「逮捕後に体重が増加した」と説明。大きなサイズのズボンが味噌に漬かった後で乾燥して縮んだためとした、もともとの理由づけを変更した。

さらに、半袖シャツとスポーツシャツの右袖上部の穴が袴田さんの右上腕部の傷の位置と整合するのは犯行の際に負傷したからだと見立て、「袴田さんが犯行時に5点の衣類を着用していた」と断じた。また、5点の衣類が発見された味噌醸造タンクにはもっぱら袴田さんが入って作業をしており、他の従業員には気づく機会はなかったなどとして「袴田さんが隠匿したと認められる」と主張している。

(2)　7人の法医学者による共同鑑定書で立証

5点の衣類に付着した血痕の色合いについては、「赤みが残っていた」とする発見当時の記録や証言に対し、「知覚や表現における個人差にも左右され得るうえ、光源の違いにより色の見え方は異なる」との見解を記した。そして、色合いを証言した人たちの観察条件が照明などによって違っていたために「色の見え方が異なる」と推察した。

血痕の赤みを消失させる化学反応をめぐっては、その速さが「5点の衣類に付着した人血の凝固、乾燥の有無・程度や、味噌中の酸素濃度などによって大きく左右される」と分析。再審請求審で弁護団の委託を受けて「味噌に漬かった血液は短期間で黒褐色化する」と結論づけた法医学者の鑑定を批判した。検察が差戻し後の高裁審理の段階で独自に実施した味噌漬け実験で、血痕に赤みが残る試料が多数確認されたとして、「弁護側の法医学者の見解によっては説明できない事象の存在を明らかにするものだ」ともアピールしている。

検察はこうした主張を、再審開始決定後の補充捜査で得た7人の法医学者による共同鑑定書や、醸造、写真の専門家の供述調書などで立証するという。検察は再審公判への対応方針を決めるのに必要として要求した3カ月の間に、共同鑑定書などの新たな証拠を調達していたことになる。

一方で、袴田さんが犯行を「自白」した内容で、確定審で証拠採用された検事調書（1通）

については「立証に使用する予定はない」と明記した。

(3)「証拠捏造」に強く反論

検察の意見書は、再審開始決定を出した東京高裁が5点の衣類をめぐり「捜査機関による証拠捏造の可能性」に言及したことに強く反論している。「そもそも5点の衣類が捏造されたことを示す証拠はないうえ、捏造されたと仮定した場合には説明不能な事実関係が認められる」と述べ、「捏造の主張に根拠はない」と力を込めている。

意見書の最後には「再審公判における審判は、確定審における判断はもとより、再審開始決定をはじめとした再審請求審における判断にも何ら拘束されるものではない」と付記し裁判所を牽制した。「蒸し返し」との批判を回避する狙いがありそうだ。

(4)「無実と分かりながらやっている」と弁護団が批判

「5点の衣類が犯行着衣だと証明できないことは、論理的に明らかだ。どういう目的か知らないが、検察は袴田さんが無実と分かりながらやっているとしか思えない」

検察の主張立証方針が示されたのを受けて弁護団が静岡市で開いた記者会見で、小川秀世・事務局長は語気を強めた。

血痕の色問題を担当する間光洋弁護士は「完全に再審請求審の蒸し返しで、決して許されない。差戻し後の高裁審理では法医学者らの証人尋問が行われたのをはじめ、検察には反証する機会がたくさんあったので、そこで出た以上のことが言えるとは思えない。検察の味噌漬け実験を視察した高裁の裁判官も『赤みは消えた』と判定している」と非難した。検察が新たな証拠に挙げた法医学者の共同鑑定書に対しても「7人もそろって書く鑑定書は見たこともないこともない」（笹森学弁護士）と批判のボルテージを上げた。

(5)「人の人生を何だと思っているのか」

弁護団が懸念するのは、再審公判の審理が長期化することだ。

袴田さんは87歳、姉の秀子さんは90歳なので、年内の無罪判決を目指してきた。しかし、検察が証拠申請する法医学者らの主張の内容や裁判所の訴訟指揮によっては、弁護団も対抗して反論の証拠を準備する必要があり、証人尋問が実施されることにでもなれば相当の時間がかかることが予想される。小川氏は「検察は人の人生を何だと思っているのか」と怒りを露わにした。

ただ、会見に同席した秀子さんは「検察だからこういうこともあるかと思っていた。裁判で勝っていくしかない」「57年闘っているから、ここで2年3年はどうってことはない」と淡々と話した。

弁護団は7月14日、検察に対し有罪立証の放棄を求める申入書を提出した。検察の方針が「明らかに許されざる蒸し返しである」と指摘したうえで、「長期間味噌漬けになっていても血痕に『赤みが残る』場合があるということでは、犯行着衣であることの証明には何ら寄与するものではない」と批判している。弁護団は静岡地裁にも同日、意見書を提出し、検察の有罪立証の方針を変更させるよう要請した。

(6) 弁護団は「複数の外部犯人」と主張

弁護団も7月10日、再審公判で主張する内容をまとめた冒頭陳述案を地裁へ提出した。その中で、この事件の犯人は「味噌工場の寮に住んでいた従業員とは無関係の複数の外部犯人」と見立てたうえで、警察が「次々に事実や証拠をねじ曲げ、あるいは捏造してきた」「虚偽の証拠により袴田さんを逮捕し、長時間の不当な取調べにより自白を獲得した」と当時の捜査を非難した。

そして、5点の衣類は「本件とはまったく無関係の捏造証拠であり、袴田さんのものでもない」と強調し、証拠から排除するよう要求。それにより「当然、袴田さんは無罪とされなければならない」と訴えている。

小川氏は「最初から捜査が歪められてきたことを多角的に主張したい」と再審公判へ臨むス

タンスを説明した。

7　第4回事前協議……検察の新証拠は「血痕の色」の共同鑑定書など16点、弁護団は却下を要求へ（2023年7月19日）

袴田巖さんの弁護団と裁判所、検察による第4回事前協議が7月19日、静岡地裁で開かれた。検察は再審公判へ提出予定の「新証拠」として、「5点の衣類」に付着した血痕の色合いに関する7人の法医学者による共同鑑定書など16点を挙げた。これに対し弁護団は、「血痕の色」の審理は再審開始決定を出した東京高裁の差戻審で尽くされているとして、新証拠の却下を求める意向を表明した。裁判所が検察の新証拠をどう扱うかが当面の焦点になる。

(1)　請求予定の証拠は検察245点、弁護団269点

事前協議は非公開。終了後に弁護団が静岡市内で記者会見して概要を説明した。協議では地裁が「再審公判手続のイメージ案」のペーパーを提示し、それを基に証拠調べをどう行うかなどを議論したという。

証拠について検察は意見書を提出し、245点の取調べを請求する考えを示した。再審請求

審に出された証拠が中心だが、16点の新証拠が含まれる。

16点は、①再審開始決定後の補充捜査で得られた7人の法医学者による共同鑑定書、醸造や写真の専門家から聴取した捜査報告書・調書と、②確定審の段階（1966、1967年）で作成されたものの取り調べられていなかった鑑定書や捜査報告書。

法医学者の共同鑑定書は、長期間味噌に漬かった血痕の色合いについて、血液の凝固・乾燥の程度や味噌の中の酸素濃度によって赤みが消える「速さ」が違ってくると強調し、「1年以上味噌に漬かった5点の衣類の血痕に赤みが残っても不自然ではない」と結論づける内容という。再審請求審で弁護団の委託を受け「1年以上味噌に漬かった血液に赤みが残ることはない」とする鑑定書をまとめた旭川医科大の清水恵子教授（法医学）らに反論している。

弁護団は検察の新証拠に対し、「新たな実験をしているわけでもなく再審請求審の審理の蒸し返しだ」（間光洋弁護士）と反発しており、却下を求める意見書を8月末までに地裁へ提出する意向を表明した。ただ、裁判所が検察の新証拠を採用し、証人尋問を実施する可能性も否定できないことから、その場合にどう対応するかも検討する。検察は「今後の補充捜査によって新証拠を追加することがあり得る」とも説明したという。

一方、弁護団が取調べ請求を予定する証拠は、再審請求審に提出した269点。「検察は基本的には同意する方向」（小川秀世・事務局長）とみているが、事件発生から一審判決までの新聞記事については強い難色を示したそうだ。

(2) 袴田さんの公判への出頭で検察が注文

検察は袴田さんの再審公判への出頭をめぐり、5月に弁護団が提出した精神科医の診断書だけでは「心神喪失状態と判断するには不十分」との考えを示した。中立的な医師の診断書なども踏まえて決めるよう地裁に求めた。弁護団は「検察は突然持ち出してきた。出頭は到底無理だ」（角替清美弁護士）と反発しているが、地裁が受け入れればこの問題が長期化するおそれがある。

弁護団が出した診断書は、袴田さんが長期の身柄拘束により精神障害の一種の「拘禁反応」を患っているとし、「強引に出頭させて手続きを進めた場合は身体的・精神的不調をきたすおそれがある」と記載している。弁護団はこれを基に再審公判への出頭義務を免除するよう地裁へ要請。國井恒志裁判長は5月29日の事前協議で、袴田さんを再審公判へ「強制的に連れてくることは現段階では考えていない」としながらも、最終的な判断は公判の日程が決まった時点でする方針を示している。

(3) 事前協議の再審公判への切替えは認めず

弁護団は前日の7月18日に、事前協議として指定された9月以降の期日を再審公判に切り替えるよう求める申立書を地裁へ提出した。非公開の事前協議は「迅速・柔軟でざっくばらんな議論」が目的だと指摘したうえで、検察のこれまでの姿勢を「形式的で官僚的な答弁を行うのみ」と批判し、「もはや非公開における打合せ協議を行うメリットは存在せず、むしろ密室性が公正で迅速な裁判の妨げになっている」と主張している。

しかし、國井裁判長は切替えを認めず、「審理計画が具体化してから適切な時期にきちんと時間を確保して公判を開きたい」と答えたという。公開で行う再審公判には多数の傍聴希望者が詰めかけると予想され、警備の態勢を整えたり他の裁判の公判・口頭弁論の日程を調整したりするのに時間がかかることを理由に挙げた。

(4) 裁判長「証拠の採否は公判の開始前に」

國井裁判長は、これまでに弁護団と検察が提出した書面を読んだ感想として「双方の主張を整理して争点をかみ合わせる必要がある」との受けとめを示したそうだ。審理を円滑に進めるために、双方が請求予定の証拠の採否について「公判が始まる前の段階で見通しを伝えたい」と述べるとともに、今後「証拠の厳選」を求める可能性に言及した。

次回の事前協議は9月12日。弁護団と検察は8月末までに、主張をさらに掘り下げた書面や、相手方が取調べ請求を予定している証拠に対する意見を地裁へ提出する。

弁護団は「次回の事前協議で審理計画がある程度、立つ状況になるのではないか」（間氏）とみており、小川氏は「再審公判は早ければ10月にも開くことができる」と期待を込めた。

◇　◇　◇

ようやく裁判所が再審公判の日程案を提示した。10月下旬から5カ月をかけて審理する計画で、この段階で結審の予定は翌年3月。判決は年度をまたぐことになった。

8　第5回事前協議……裁判所が12の公判候補日を提示、証人尋問を実施へ（2023年9月12日）

袴田巖さんの弁護団と裁判所、検察による第5回事前協議が9月12日、静岡地裁で開かれた。地裁は再審公判の候補日として10月27日から来年3月27日にかけて12回の日程（期日）を提示し、審理を3月までに終わらせる意向を表明した。弁護団の早期結審の要求は退けられた形で、検察が提出予定の新たな証拠をめぐって証人尋問が実施される見通しになった。

(1)　10月27日に初公判、来年3月末までに結審の意向

事前協議は非公開で行われ、終了後に弁護団が静岡市内で記者会見して概要を説明した。

弁護団によると、静岡地裁が提示した再審公判の候補日は、10月27日を皮切りに、11月と12月、来年1月、2月にそれぞれ2期日、3月に3期日で、最終が3月27日になっている。いずれの期日も午前11時～午後5時。10月27日に初公判を開くことについて、弁護団は受け入れると回答したが、検察は態度を明確にせず、次回9月27日の事前協議で決まる。

國井恒志裁判長は「来年3月末までに審理を終わらせたい」と述べたという。その通りに進めば、判決は来年6月ごろにも出るのではないかと、弁護団はみている。

(2) 検察は味噌に漬かった血痕に赤みが残り得ると立証

検察は3月の再審開始決定の確定後に、死刑判決が袴田さんの犯行着衣と認定した「5点の衣類」に付着した血痕の色合いについて補充捜査をした。そこで得た7人の法医学者による共同鑑定書や、醸造、写真、光学の専門家の調書類を再審公判へ提出し、袴田さんの有罪を立証する方針を示している。

検察は8月末に地裁へ提出した意見書で「1年以上味噌に漬けられた5点の衣類の血痕に赤みが残ることは不自然ではないこと」を主張立証する予定だと改めて表明した。

具体的には「血痕の赤みを消失させる方向での化学反応の速さは、血痕化に伴う（血液の）凝固、乾燥の有無・程度や、味噌中の酸素濃度によって大きく左右される」と強調。5点の衣類の発見当時の鑑定書に血痕が「濃赤色」「赤褐色」との記載があることについて、光源の種類や明るさなど色の見え方に影響する観察条件によって「黒・茶褐色系が強い傾向の色合いに見えることもあれば、赤みを感じさせる色合いに見えることもある」との論理を展開している。

これに対し、弁護団は8月末に地裁へ提出した意見書で、検察が血痕の色合いについて、これまで「多数の法医学者ら専門家を動員し、さらに大がかりな実験をするなど、考えうる限りの立証活動をすでに十二分に行い尽くしている」と主張した。共同鑑定書の内容も「抽象的な可能性論を重ねているに過ぎない」と批判し、検察の新しい証拠の取調べ請求を却下するよう地裁に求めていた。

(3) 弁護団「争点や証人を絞って早期結審を」

地裁が12の期日を示したことにより、検察の新しい証拠が審理のテーマとして扱われ、「最大の争点になりそう」（弁護団の笹森学弁護士）だ。鑑定人らの証人尋問は年明けになる見込みで、次回の事前協議で検察と弁護団の双方が証人を請求するという。弁護団は、東京高裁の差戻審で「1年以上味噌に漬かった血液に赤みが残ることはない」とする鑑定書をまとめた旭川医科大の清水恵子教授（法医学）らの尋問を求めるとみられる。

記者会見で弁護団の間光洋弁護士は「結審までの道筋がついたことは評価したい」とする一

方で、「検察の有罪立証は許されず、今後は争点や証人を絞って早期に結審するよう求めていく」と力を込めた。

袴田さんの姉・秀子さんは「1年以内に良い結果が出ることを期待している。これで終わりだと思うと嬉しくて仕方がない」と笑顔を見せた。

9 第6回事前協議……初公判は10月27日で決定、判決の時期は見通せず（2023年9月27日）

袴田巖さんの弁護団と裁判所、検察による第6回事前協議が9月27日、静岡地裁で開かれた。再審の初公判を10月27日に開くことで合意するとともに、年内に確定審と再審請求審でテーマになった論点の証拠を調べる日程が固まり、年明けには証人尋問が実施される方向になった。地裁は来年3月末までに結審する意向を示しているが、判決の時期はまだ見通せない。

事前協議は非公開で行われ、終了後に弁護団が静岡市内で記者会見して概要を説明した。

地裁は前回の事前協議で、初公判を10月27日とし、来年3月27日までに計12の期日を入れる日程案を提示した。弁護団はその場で同意していたが、検察も今回の協議で受け入れたという。

初公判では、起訴状の朗読、罪状認否に続いて検察と弁護団がそれぞれ冒頭陳述をする。その後、証拠調べに入る。

(1) 裁判長が袴田さんと面会、出頭義務の免除を判断

初公判までの焦点は、地裁が袴田さんの出頭義務を免除するかどうかだ。

弁護団は5月に、袴田さんが長期の身柄拘束により精神障害の一種の「拘禁反応」を患っているとする精神科医の診断書を地裁へ提出し、出頭義務の免除を要請した。診断書には「強引に出頭させて手続きを進めた場合は身体的・精神的不調をきたすおそれがある」と記されている。これに対し検察は、この診断書だけでは「心神喪失状態と判断するには不十分」との考えを示し、中立的な医師の診断書なども踏まえて決めるよう地裁に求めている。

國井恒志裁判長は9月下旬に袴田さんと面会しており、弁護団が追加で提出する資料と併せて、初公判までに出頭義務を免除するかどうか判断する。袴田さんが出頭しない場合は、補佐人の姉・秀子さんが罪状認否をする可能性があるという。

(2) 検察は5人、弁護団は4人の証人を請求の意向

再審公判では、11月まで3回の期日で確定審に出された証拠を調べる。検察が設定した①犯人は味噌工場の関係者であることが強く推認されるうえ、犯人の事件当時の行動を袴田さんが

取ることが可能だった、②5点の衣類は袴田さんの犯行着衣である、③袴田さんが犯人であることと整合するその他の事情が存在する――の3つの論点ごとに、検察の有罪立証と弁護団の反論・無罪主張を交互に行う。

12月の2回の期日では、再審請求審で争点になったテーマの証拠調べに移る。5点の衣類に付着した血痕をめぐり、①1年以上味噌に漬かっても赤みが残るか、②袴田さんの型とも被害者4人の型とも一致しないと結論づけたDNA鑑定に信用性があるか――について論戦が展開される。

地裁は来年1、2月の4回の期日で証人尋問をする方針とみられ、この日の協議で検察と弁護団がそれぞれ請求する証人を明らかにした。検察は、1年以上味噌に漬かった血痕に「赤みが残っても不自然ではない」との共同鑑定書を再審開始決定後にまとめるなどした法医学者2人と、観察条件によって色の見え方が異なることを立証するための専門家ら3人の計5人を、弁護団は再審請求審で「赤みが残ることはない」との鑑定書を出した旭川医科大教授（法医学）ら4人を挙げたという。

弁護団は、検察が請求する法医学者のうち1人は「証人に採用されてもやむを得ない」と捉える一方で、他の候補者については「必要性がないし重複もしている」（間光洋弁護士）と同意しない考えだ。弁護団は早期結審・早期判決を目指しているが、地裁がどこまで証人を採用するかが審理のスピードを左右しそうだ。

(3)「検察は虚偽の証拠や主張を無視」

弁護団はこの日の協議に合わせて、検察の主張立証内容に対する意見を書面にまとめ、地裁へ提出した。「自らの数々の虚偽の証拠や主張は無視しておきながら、これまで証拠として無価値と評価されてきた些末な事情を重要な間接事実であるかのように主張しているにすぎない」と厳しく批判している。

検察が、犯人は味噌工場の関係者だと主張することに対しては、それ以上に「外部犯人を疑わせる事実が多数存在する」と反論し、「(被害者宅に)招き入れられた外部の何者かが、何らかの理由で居直って凶行に及んだとみることが相当である」と見立てた。

5点の衣類が袴田さんの犯行着衣だとしている点については「再審請求審で5点の衣類は犯行着衣ではなく袴田さんの物でもない、捏造証拠である可能性が大きいと指摘されている」と強調したうえで、「再審請求審で行われてきた主張の蒸し返しで、再審公判において許されるものではない」と検察の姿勢を非難した。「その他の事情」についても「およそ犯人性の認定に使えない」と断じている。

5点の衣類に付着した血痕の色合いをめぐって、検察が新たに提出する7人の法医学者による共同鑑定書に対しては「実験を伴わない机上の可能性の議論」と一蹴。検察の味噌漬け実験が「赤みの残りやすい条件で実施された」とした再審請求・差戻審の認定に異を唱えていることについても「検察と弁護団の写真の撮影条件を比較対照して検討した判断であり、証拠に基づく事実認定だ」と反発している。

10 ボクシング世界王者らが検察に有罪立証しないよう要請（2023年10月3日）

初公判の日程が決まり、袴田さんの支援団体も行動を起こしている。日本プロボクシング協会の袴田巖支援委員会は10月3日、東京高検への要請行動をした。再審公判で検察が有罪立証をしないよう訴え、裁判を続けるのであればすべての証拠を開示するなど公平なルールで臨むよう求めた。

(1) 白いバンデージで潔白をアピール

WBA、WBC世界統一チャンピオンの寺地拳四朗選手（31歳）をはじめ、現・元プロボクサーら15人が参加。高検の庁舎前で1人ずつマイクを握り「1日も早く無罪判決を」「袴田さんに

白いバンデージを拳に巻いて袴田巖さんの「潔白」をアピールする世界王者の寺地拳四朗選手（右）と袴田さんの姉・秀子さん＝2023年10月３日、東京・霞が関の司法記者クラブ（撮影／小石勝朗）

自由を、秀子さんに安心を」「ボクシングへの偏見が悔しい」などとアピールした。

参加者は袴田さんの潔白を示すため白いバンデージを拳に巻いた。秀子さんも着用し「57年闘った。あと半年で決着がつく。絶対に無罪を勝ち取る」と力を込めた。寺地選手は終了後、東京・霞が関での記者会見で「（検察は）なんでここまで引っ張るのか。一刻も早く無罪判決を、と改めて思った」と感想を語った。

(2)　再審公判の「モニター傍聴」を地裁に要請

再審公判の開始を前に支援団体が問

題視しているのは、静岡地裁の法廷の一般傍聴席が極めて少なくなりそうなことだ。国内外で注目される裁判だけに傍聴希望者が殺到することが予想されるが、使用予定の法廷はそれほど大きくないうえ、マスコミや関係者の席が設けられればその分、一般傍聴席が減るからだ。

ボクシング協会の袴田巖支援委を含む8団体は、裁判を傍聴する権利は憲法で保障されていると主張。再審公判の期日には静岡地裁で他の公判や口頭弁論を開かないとされていることに着目し、空いている別の法廷で再審公判の様子を「モニター傍聴」できるように地裁へ要請している。「開かれた司法」を実践するためにも、地裁の柔軟な対応が強く望まれる。

第4章
7カ月に及んだ再審公判の審理

2023年10月27日、ようやく、そしていよいよ、再審公判が始まった。開廷は午前11時だが、傍聴券の申込み締切が午前9時に設定されたため、朝から静岡地方裁判所の周辺には人があふれた。「無罪」の形が見えてきたことへの高揚感と、再審公判がどう進むか見当がつかないことへの不安が入り混じり、熱気と緊張に包まれた。

1　初公判……袴田巖さんに代わり姉・秀子さんが無罪を主張、検察は有罪の立証、結審は来年5月以降の公算（2023年10月27日）

1966年に静岡県清水市（現・静岡市清水区）で一家4人が殺害された「袴田事件」で強盗

再審の初公判へ向かう袴田巖さんの姉・秀子さん（前列・左から２人目）と弁護団＝2023年10月27日、静岡地裁前（撮影／小石勝朗）

殺人罪などに問われ、死刑が確定した元プロボクサー袴田巖さん（87歳）の再審（やり直し裁判）が10月27日、静岡地裁（國井恒志裁判長）で始まった。初公判の罪状認否では、出頭義務を免除された袴田さんに代わって姉の秀子さん（90歳）が改めて弟の無罪を主張。一方の検察は、袴田さんに対し有罪の立証に入った。

　地裁は２０２４年３月末までに結審する意向を示していたが、審理はさらに長期化する見通しで、結審は同年５月以降、判決は夏以降になる公算が大きい。

(1)　罪状認否で検察にも「お世話になりました」

初公判では最初に、國井裁判長が起訴

から再審に至った経緯と、袴田さんの出頭義務を免除した理由を説明した。袴田さんは逮捕から死刑確定を経て2014年に釈放されるまで47年7カ月もの間、身柄を拘束されたために、精神障害の一種である「拘禁反応」を患っている。國井裁判長らは再審公判に先立ち9月下旬に袴田さんと面会したうえで、刑事訴訟法の規定に基づいて「心神喪失の状態にある」と判断し、出頭を求めなかった。

続いて、検察が確定審と同じ起訴状を改めて朗読。罪状認否では、袴田さんの補佐人の秀子さんがこう述べた。

「1966年11月15日、静岡地裁の初公判で、弟・巖は無罪を主張いたしました。それから57年にわたって、紆余曲折、艱難辛苦がございました。本日、再審裁判で再び、私も弟・巖に代わりまして無罪を主張いたします。長き裁判で、裁判所並びに弁護士及び検察庁の皆さま方には、大変お世話になりました。どうか弟・巖に真の自由をお与えくださいますよう、お願い申し上げます」

さんざん苦しめられてきた検察にまで礼を尽くしているところに、秀子さんの芯の強さが見て取れる。

(2) 検察「5点の衣類は袴田さんの犯行着衣」

その後、検察と袴田さんの弁護団がそれぞれ冒頭陳述をした。

検察は、盗みの目的で被害者宅に侵入した袴田さんが家人に見つかったため、持っていたクリ小刀で一家4人を相次いで殺害し、押入れにあった現金を奪ったうえ混合油をまいて火をつけた、と事件の構図を描いた。

クリ小刀のさやが味噌工場にあったはずの雨合羽のポケットから見つかり、また、味噌工場の混合油が放火に使われた可能性が高いことなどを理由に、犯人は味噌工場の関係者だと推定。住込み従業員だった袴田さんは事件当夜、工場に立ち入って雨合羽や混合油を持ち出すことが可能だったと見立てた。

事件発生の1年2カ月後に味噌工場の醸造タンクで発見された「5点の衣類」については、事件前に袴田さんが着ていた衣類と酷似しており、そのうちのズボンの端切れが袴田さんの実家にあったことなどを挙げて「袴田さんのものである」と強調した。

さらに、半袖シャツの穴と袴田さんの傷跡の場所が一致するとして「袴田さんが犯行時に5点の衣類を着用していたことが裏づけられている」と立論。5点の衣類が見つかった醸造タンク内での作業はもっぱら袴田さんの担当だったことから「袴田さんが同タンクに隠匿した」と説明した。

東京高裁が2023年3月に出した再審開始決定は、5点の衣類に付着した血痕に赤みが残っていたことを根拠に「発見直前に袴田さん以外の第三者がタンクに投入した可能性」を認定し、「捜査機関による証拠捏造」に踏み込んだ。これに対し検察は、再審公判で「血痕に赤みが残り得ること、したがって血痕の色合いは袴田さんが事件後に5点の衣類をタンクに隠匿したことと何ら矛盾しないことを主張・立証する」と宣言した。

(3) 弁護団「裁かれるべきは警察、検察、弁護人、裁判官」

一方の弁護団は「誤った死刑判決は袴田さんに48年間もの苛酷な拘置所生活を強いてきた。釈放されても回復しがたい重大な精神的ダメージを与えてしまった」と切り出した。そして、再審公判で裁かれるべきは「警察であり、検察であり、さらに弁護人及び裁判官であり、ひいては信じがたいほどひどい冤罪を生み出した我が国の司法制度」だと指摘した。

事件の構図については「犯人は1人ではなく複数の外部の者であって、動機は強盗ではなく怨恨だった。犯人たちは深夜に侵入したのではなく、被害者らが起きていた時から被害者宅に入り込んでいた。そして、4人を殺害して放火した後、(味噌工場と反対方向の)表シャッターから逃げて行った」として、検察の見立てを真っ向から否定した。

根拠として、家の外に逃げ出した被害者がおらず隣家に物音も聞こえなかったこと、被害者に防御の傷がほとんどないこと、被害者が腕時計をしていたこと、室内に物色された形跡がなく多額の現金が残されていたことなどを列挙。犯行や犯人と味噌工場は無関係であるうえ、袴田さんには動機がなく、アリバイも成立すると訴えた。

5点の衣類については「(再審請求審の)静岡地裁でも東京高裁でも、捜査機関による捏造証拠の可能性が高いと指摘された」と強調し、証拠からの排除を主張した。最後に、検察に対し有罪立証をただちに放棄するよう求め、「袴田さんは無罪だ」と力を込めた。

(4)「血痕の赤み」を主テーマに証人尋問へ

再審では2023年12月の公判までをメドに、主に確定審に出された証拠を調べる。検察が設定した論点ごとに、検察の有罪立証と弁護団の反論・無罪主張を交互に行う。論点は、①犯人は味噌工場の関係者であることが強く推認されるうえ、証拠から推認される犯人の事件当時の行動を袴田さんが取ることが可能だった、②味噌工場の醸造タンクから発見された5点の衣類は、袴田さんが犯行時に着用し、事件後に同タンクに隠匿したものである、③袴田さんが犯人であることを裏づけるその他の事情が存在する——の3つだ。

初公判では、午後から①の論点の審理に入り、検察が主張・立証をした。次回の公判では弁護団が反論。その後、②の論点に移る。

それ以降の公判では、再審請求審の主要な争点になった、5点の衣類に付着した血痕をめぐる証拠を調べる。①1年以上味噌に漬かった血痕に赤みが残るか、②袴田さんの型とも被害者4人の型とも一致しないと結論づけたDNA鑑定に信用性があるか――がポイントだ。検察は「血痕に赤みが残っても不自然ではない」とする法医学者の共同鑑定書などを新証拠として提出する方針を明らかにしている。2024年3月には「血痕の赤み」を主テーマに、双方が請求する法医学者らの証人尋問が実施される。

(5)「印象操作をしている」と検察を批判

初公判の終了後、秀子さんと弁護団は静岡市内で記者会見に臨んだ。検察の有罪立証への批判が渦巻いた。

小川秀世・弁護団事務局長は「検察の冒頭陳述も主張立証も、確定判決の域を出ない。いったい何のために今回の公判を続けようとしているのか。はっきり有罪立証を放棄すべきだった。強い憤りを感じる」と非難した。

角替清美弁護士は「検察は袴田さんを有罪にできるとは思っていない。『犯人らしい』『怪しい』という印象操作をして、事件当時の検察の対応はおかしくなかったとアピールしている」と読み解いた。

秀子さんは「初めて裁判に出て、のんべんだらりとやっているから（逮捕から）57年もかかったのだと思った。もっとサッサとやってほしい」と率直な感想を語った。袴田さんには初公判のことは伝えていないそうだ。

当の袴田さんは支援者の車でドライブに出かけるのが最近の日課だが、この日は腰を痛めたため外出しなかった。支援者によると、最近は車内で笑みを見せることが多いそうで、逮捕時に1歳だった息子と一緒にいる場面を妄想している様子だという。同じ妄想でもこれまでは「バイ菌と闘う」といった内容が多かっただけに、心が穏やかになっていると言えるかもしれない。

(6) 地裁は「モニター傍聴」に応じず

再審公判は公開の法廷で行われる。ただ、静岡地裁は今回、「検察と弁護団によるプレゼンテーションの資料を投影できる設備がある」として、地裁で一番広い法廷ではなく、傍聴席が48しかない法廷を使用した。しかも、地元の記者クラブなどへ記者席を優先的に割り当てたため一般傍聴席は26しかなく、傍聴希望者280人に対し10倍を超える倍率になった。

袴田さんの支援団体は、抽選にはずれた希望者のために別室で法廷の映像や音声を「モニター傍聴」させるよう要請していたが、地裁は応じなかった。再審公判は国内外から大きな注目を集めているだけに「裁判の公開」の観点から課題を残した。

2 第2回公判……「味噌工場関係者の犯行」とする検察に弁護団が反論、「凶器はクリ小刀」を疑問視（2023年11月10日）

第2回公判は11月10日、静岡地裁で開かれた。「犯人は袴田さんが勤務していた味噌工場の関係者で、袴田さんは犯人の事件当時の行動を取ることが可能だった」とする検察の主張（論点①）に対して、袴田さんの弁護団が反論。「外部の複数犯による犯行」との見立てを示し、袴田さんが犯人ではないことを強調した。

(1) 検察「味噌工場にあった雨合羽や混合油を犯行に使用」

10月27日の初公判では、午後から確定審に出された証拠調べに入り、検察が論点①の主張・立証をしていた。

検察は被害者の傷の状態から、事件現場に刃が落ちていたクリ小刀（刃渡り約13センチ）が「傷を形成するのに格好なもの」で、凶器だったと立論した。そして、味噌工場にあったはずの雨合羽が事件現場に落ちており、ポケットからクリ小刀のさやが見つかったとして「犯人は工場から雨合羽を着て犯行現場に赴いた」と推定した。

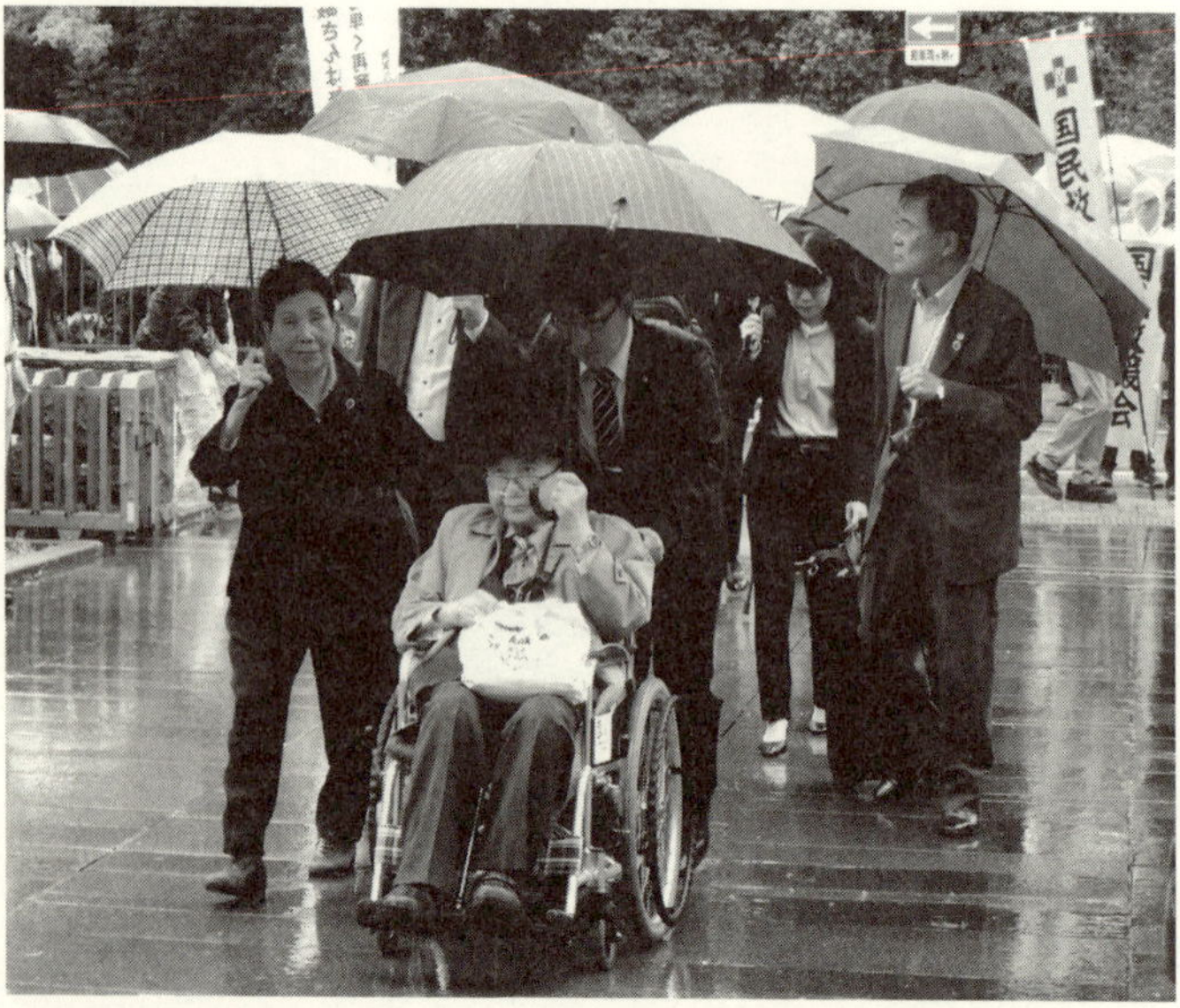

雨の中、第2回再審公判に向かう袴田巖さんの姉・秀子さん（左）と西嶋勝彦・弁護団長＝2023年11月10日、静岡地裁（撮影／小石勝朗）

また、味噌工場にあった混合油（ガソリンと潤滑油）が事件の起きた時期に5・6リットル減っており、使った従業員がいないことなどから「放火に使用された」と見立て、これらから「犯人は味噌工場の関係者であることが強く推認される」と主張した。

被害者宅にあった現金入りの布袋2つが味噌工場との経路上に落ちていたことも挙げて「犯人が事件当夜、味噌工場を出入りしたことが強く推認される」と分析。袴田さんはこの夜、味噌工場2階の寮の部屋に1人でいたため「他の従業員に気づかれずに味噌工場から雨合羽や混合油を持ち出し、犯行後に工場に戻ることが可能だった」と結論づけていた。

(2) クリ小刀ではできない傷がある

一方、弁護団は第2回公判の反証で、クリ小刀が凶器とされたことに疑問を呈した。被害者の傷の中には「クリ小刀では形成することのできない創傷が存在する」とした法医学者らの鑑定を証拠に挙げるとともに、クリ小刀の刃と柄の間に鍔《つば》がないため計40カ所も刺したとすれば「犯人は手のひらに深い傷を負っていたはずだ」と考察した。

刃体や付着物から人血は検出されなかったとの鑑定結果も提示。被害者宅で日常的に使われていた包丁が1本も見つかっていないとして「犯人が凶器として包丁を使い犯行後に持ち去ったとも考えられる」と推測した。

雨合羽については当時の調書などをもとに、警察が発見した経緯に不審な点があり、現場の写真も踏まえると「火災後に誰かによってここに置かれた」との見方を示した。

混合油に対しては、当時、放火に使われた油の鑑定がきちんと行われておらず、味噌工場にあった混合油の使用状況の捜査も不十分だったとして「放火に使用したことには疑問がある」と反論した。被害者のそばに中味がほぼ空の石油缶が放置されており、その付近が最も焼けていたことと併せて「犯人はそれを使って放火した可能性はなかったのか」と問いかけた。

(3) 犯行時に履いていたはずの草履には血も油も付着せず

現金入りの布袋は、被害者宅の押入れにあった8個のうち3個しか持ち去られておらず、金品強取が目的の犯行にしては「著しく不自然」と指摘。犯人が通ったとされる被害者宅の裏木戸はかんぬきや止め金で頑丈に閉じられており、そもそも「人が通過することはできなかった」と断じた。

さらに、味噌工場2階の寮では事件当夜、袴田さんの向かいの部屋で同僚2人が寝ていたうえ、工場の入口脇の宿直室にいた別の1人も人の出入りの気配を感じていなかったと強調。再審請求審で証拠開示された捜査報告書によって「実際には従業員らが火災直後から袴田さんを目撃していた事実が明らかになった」とも言及した。

袴田さんが犯行時に履いていたとされるゴム草履には血も油も付いていなかったのに警察は証拠化をしなかったと非難したうえで、「袴田さんが検察官の主張するような行動を取ったことを裏づける意味ある証拠は何もない」と結んだ。

弁護団は法廷で、クリ小刀や雨合羽、石油缶、ゴム草履などの現物を提示したり、袴田さんの取調べの様子を録音したテープを再生したりして、裁判官の五感にアピールした。

(4) 「検察の想定は崩れた」と弁護団

公判終了後、弁護団は静岡市内で記者会見に臨んだ。

この日の陳述を担当した田中薫弁護士は「弁護団の反論と提示した証拠によって、犯人は味噌工場の関係者だとする検察の想定は崩れた」と自信を見せた。また、陳述では「証拠の『捏造』という言葉は1回も使わなかった。『捏造』は評価の問題で、すべての証拠調べが終わった段階で『これは捏造しかない』となるはずだ」と力を込めた。

角替清美弁護士は「確定審で出された証拠には、有罪の方向で集められたものしかない。袴田さんに有利な無罪方向の証拠を探し出して主張するのが大変だった」と振り返った。

3 第3回公判……検察が「5点の衣類は袴田さんの犯行着衣」と主張、捏造は「非現実的で不可能」（2023年11月20日）

第3回公判は11月20日、静岡地裁で開かれた。事件の1年2カ月後に味噌工場のタンクから見つかった「5点の衣類」をテーマに検察が主張・立証を行い、死刑判決の認定通り袴田さんの犯行着衣だと強調。再審請求審で東京高裁・差戻審（2023年3月）と静岡地裁（2014年3月）の決定が言及した「捏造の疑い」に対して「非現実的で実行が不可能」と強く否定した。

(1) 事件前の袴田さんの衣類と酷似

第3回公判では、検察が設定した論点②「(袴田さんが住込みで勤務していた) 味噌工場の醸造タンクから発見された5点の衣類は、袴田さんが犯行時に着用し、事件後に同タンクに隠匿したものである」の審理に入った。この日は検察が主に確定審に出された証拠に基づき主張・立証をした。

検察はまず、5点の衣類には多量の血痕がさまざまな部位に付着しており、そのうちのズボンの前面に複数の損傷があること、また、推定される犯行の態様と血痕の血液型の状況が整合すると見立て、「5点の衣類が犯行着衣と認められる」と指摘した。ズボンよりも、その下にはいていたはずのステテコに多量の血痕が付着していることについては「ズボンの生地には血痕が付着しにくい一方、ステテコの生地は血液を多く吸収した」と理屈づけた。

味噌工場の同僚の証言をもとに、5点の衣類のうちの緑色ブリーフやねずみ色スポーツシャツは袴田さんが事件の前に着ていた衣類と酷似しているとし、事件後にそれらが目撃されていないことにも触れた。そのうえで、ズボンの端切れが袴田さんの実家で発見されたことを重視し、「5点の衣類はすべて袴田さんのものだと認められる」と断じた。

(2) ズボンがはけなかったのは太ったため

確定審の高裁審理で袴田さんがこのズボンを実際にはいてみる装着実験を3回したところ、いずれも途中でつかえてはけなかったことは広く知られている。検察は従来、ズボンのタグに記された「B」の記号がサイズを表すとして、大きかったB体のズボンが味噌に長期間漬かった後で乾燥したため縮んではけなくなった、と説明してきた。しかし、再審請求審で証拠開示されたズボンメーカー社員の供述調書で、「B」は色を示しておりズボンのサイズは細身のY体だったことが明らかになった。

この点について検察は今回、「袴田さんが太ったため」と理由づけを転換した。ズボンの胴回りが72～74センチであるのに対し、事件当時の袴田さんのベルトはウエスト73センチ前後の穴に最も多く使用された形跡があったと主張。事件の約8カ月前の袴田さんの体重は55キロだったのに、事件の5年後以降に行われた装着実験の時点で体重は約62キロまで増えていたと強調した。

(3) シャツがよじれた時に打撃を受けた

検察はさらに、下着の白半袖シャツの右袖上部に2つの穴があり、周囲に内側から袴田さんと同じB型の血痕が付着していること、また、スポーツシャツの右袖上部にも1つの穴があることを取り上げた。逮捕時に袴田さんの右上腕部には傷跡があり、シャツの穴と位置が概ね一致しているとして、「袴田さんが犯行時に5点の衣類を着用していたと認められる」と立論した。

袴田さんの弁護団からは、半袖シャツに2つ穴があるのに、その上に着るスポーツシャツの穴は1つしかなく、双方の穴の位置も異なると疑問が呈されている。これに対して検察は「半袖シャツがよじれた時に（被害者から）打撃を受けた」などと推測。また、シャツの穴と傷跡の位置がズレている写真があることについては、撮影が5点の衣類の発見から4年余り後で「袴田さんの上半身が太り、シャツの縮みが進行した」との論理を展開した。

(4) 脛の傷の記録が逮捕時にないのは身体検査の精度の問題

袴田さんの右足の脛に傷がありズボンの損傷の位置と符合することも、被害者と格闘した時のものだとして犯行着衣である根拠とされてきた。しかし、逮捕当日の身体検査調書には脛の傷の記録がなく、再審請求の差戻審で東京高裁は「右脛の傷は逮捕後に生じたもので、ズボンの損傷が右脛の傷に合わせて作出されたのではないかとの疑いを生じさせる」と判定している。

この点について検察は今回、逮捕当日の身体検査が14分間だったのに、脛の傷の記録がある起訴前日の身体検査は40分間にわたって行われており、検査の精度に差異があったためとの見方を示した。同時に「脛の傷はさほど顕著なものとは言い難い」とも釈明した。

検察はさらに、袴田さんが5点の衣類を味噌タンクに隠したと主張した。発見された味噌タンクは袴田さんの作業スペースだったとして「このタンクに隠匿することは自然な発想」と見立てた。

事件当時、このタンクには約80キロの味噌しか入っておらず5点の衣類を隠せなかったとの指摘に対し、味噌が200キロや160キロ入っていたとの証言もあると異を唱えた。事件4日後の警察による捜索で5点の衣類が発見されなかったことについては、味噌工場側から損害が出ないよう味噌の内部は捜索しないよう強く要請されており、警察も味噌を掘り返すまではしなかったと説明した。

(5) リスクを冒してまでの大規模な捏造は考え難い

検察が特に力を入れたのは、5点の衣類が「捏造された疑い」への反論だ。再審請求審では袴田さんの弁護団の主張を受け入れる形で東京高裁・差戻審と静岡地裁が捏造に言及しているが、「誤った根拠に基づくもので事実に反する」と強調し、理由として7点を詳述した。

具体的には、①袴田さんが事件前に着ていた衣類の特徴を把握して、酷似する5点の衣類を用意するのは著しく困難、②販売ルートまで整合するように5点の衣類を用意するのは著しく困難、③味噌工場の協力がないまま忍び込み、タンクの味噌の中に5点の衣類を隠すのは著しく困難、④捏造するのに5点もの衣類を用意する必要はないし、捏造だとすると血痕付着や損傷の状況はかえって説明が著しく困難――などと訴えた。

ズボンの端切れが実家から見つかったのも警察が発見直前に仕込んだためとの弁護団の主張に対しては、袴田さんの母親が「端切れは味噌工場から送られてきた荷物の中に入っていた」と供述していることを根拠に否定した。

そして、5点の衣類の捏造は大規模な作業なので公になるおそれが大きく、その場合、公判維持ができなくなるだけでなく、関係者が刑事責任を問われたり捜査機関の信用が失墜したりするリスクが高いと分析。「捜査機関が多くのリスクを冒してまで大規模な捏造計画を企図・実行するとは非常に考え難い」と力を込め、「捏造の主張は非現実的で、実現は不可能」と結んだ。

(6) 弁護団「犯行着衣の根拠が薄い」

公判終了後、弁護団は静岡市内で記者会見した。小川秀世・事務局長は「検察の主張は盛りだくさんだが、『枯れ木も山のにぎわい』という印象だ。5点の衣類が犯行着衣であることがメーンになるべきなのに、根拠は薄く確信できる内容がない」と批判した。

一方で、元裁判官の水野智幸弁護士は「検察は証拠をきちんと拾い出して立証してきた。一通り整合性はあり、弱点を見極めて反論する必要がある」と気を引き締めていた。

4　第4回公判……弁護団が「5点の衣類は捏造証拠」と反論、ズボンがはけない理由を論証（2023年12月11日）

第4回公判は12月11日、静岡地裁で開かれた。審理のテーマは、事件の1年2カ月後に味噌タンクから見つかった「5点の衣類」。前回公判で検察が「袴田さんの犯行着衣だ」と主張・立証したのに対し、袴田さんの弁護団はこのうちのズボンが袴田さんには小さすぎてはけなかった理由を論証したり、生地に近い色合いや血痕の付着状況のおかしさを詳述したりして、5点の衣類は「捏造以外にあり得ない」と断じた。

(1)　検察の主張は「きわめて主観的、感覚的」

検察が設定した論点②「5点の衣類は袴田さんが犯行時に着用し、事件後に味噌工場の醸造タンクに隠匿したものである」について、今回公判の午前中まで検察が主張・立証。午後から弁護団の反証に移った。

弁護団は最初に、5点の衣類が袴田さんの犯行着衣と認定されたことが死刑判決の決定的な証拠になったとの認識を示し、逆に言うと「5点の衣類がなければ有罪判決がなされることはなかった」と指摘した。再審請求審で東京高裁・差戻審と静岡地裁が5点の衣類について「捜査機関による証拠捏造の可能性」に言及したにもかかわらず、再審公判での検察の主張・立証は確定審から何ら変わっておらず、「きわめて主観的、感覚的」と批判した。

(2) ズボンは太腿の部分で引っかかっている

弁護団が注力したのは、確定審で3回行われた5点の衣類の装着実験で袴田さんがズボンをはけなかったことの理由づけだ。

弁護団は装着実験の写真をもとに、ズボンがはけなかったのは「太腿の部分で引っかかっているから」と分析した。被服学の学者による鑑定が、5点の衣類のズボンは袴田さんが普段着用していたズボンに比べ、太腿の付け根部分（わたり）で6センチ以上、太腿中央部で4・5センチ以上小さいためはけなかったと結論づけていると強調した。

さらに、ズボンよりも下着のステテコのほうがサイズが大きいとし、「このズボンの下にこのステテコをはくということ自体が困難でおかしなこと」と主張。ズボンとステテコの実物を法廷に出し、裁判官にアピールした。

検察は再審で「逮捕後に袴田さんが太ったためはけなくなった」と主張し、事件の約8カ月前に55キロだった体重が、事件の5年後以降に行われた装着実験の時点で約62キロまで増えていたことを挙げている。これに対して弁護団は、事件の3カ月半後に61キロだったとの記録があり、逮捕時にも「小太り」と書かれていると反論した。

また、事件当時の袴田さんのベルトはウエスト73センチ前後の穴に最も多く使用された形跡があり、ズボンの胴回り（72〜74センチ）と合致するとの検察の主張については、装着実験で引っかかったのは胴回りではなく太腿なので「無意味」と一蹴した。

(3) 生地に近い色合いは発見直前に味噌に漬けられたため

弁護団はまた、1年以上味噌に漬かっていたなら味噌の色に染まるはずなのに、5点の衣類は生地の色に近い状態だったことを取り上げた。ステテコや半袖シャツはもとの白い色合いで、ブリーフの緑色もはっきりと残っていたことを挙げ、「発見直前に味噌タンクに入れられた捏造証拠だ」と力説した。

弁護団と支援者が実施した衣類の味噌漬け実験で、味噌から出た液体が衣類に染み込めば短時間で味噌の色に染まる結果が出たことを紹介。5点の衣類は発見時、味噌から出た液体でびしょ濡れの状態だったことを表す調書や写真をひき、それなのに味噌の色に染まっていなかった5点の衣類は「味噌に漬かっていた時間が極端に短かったことを裏づける」と立論した。

5点の衣類の色合いが確定審の段階で問題にならなかったのは、警察の鑑定書に不鮮明なカ

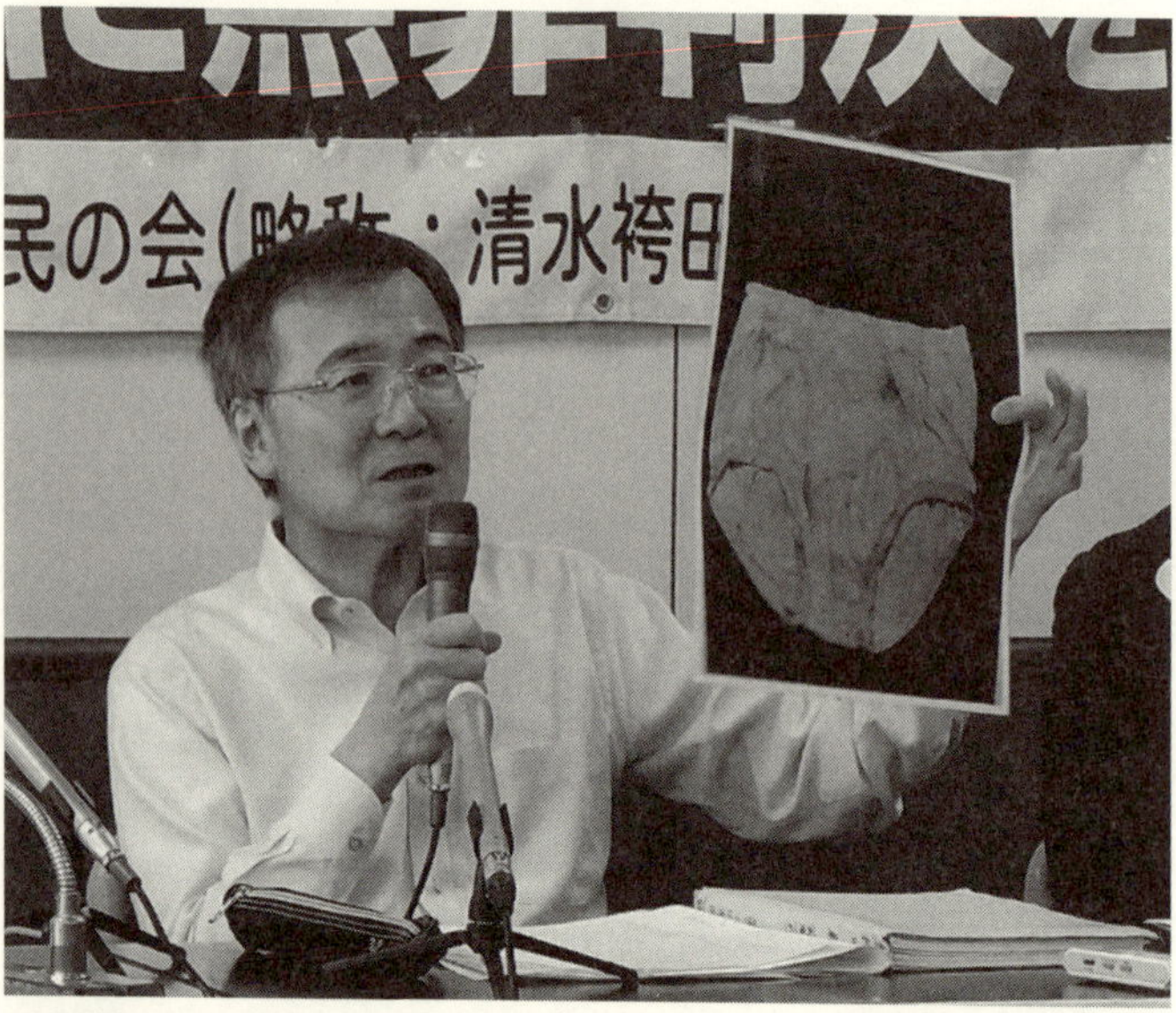

緑色がはっきり分かるブリーフの写真を示して「捏造証拠だ」と主張する小川秀世・弁護団事務局長＝2023年7月10日（撮影／小石勝朗）

ラー写真しか添付されていなかったため、と説明。色調がはっきり分かるカラー写真もあったのに、再審請求審で２０１０年に証拠開示されるまで検察が「隠ぺいしていた」と非難した。

(4) ズボンより下着のステテコに多量の血痕

弁護団は５点の衣類への血痕の付着状況も疑問視した。中でも、ステテコに多量の血痕が付着しているのに、その上にはくズボンの裏生地には「はっきりした血痕の付着が認められない」ことを重視した。第１次再審請求審で裁判所は「犯行時にズボンを脱いだ可能性」を指摘しているが、弁護団は「苦し紛れの認定」と切り捨てた。

半袖シャツの胸の部分に盛り上がった血のかたまりのような部分があることに触れ「固まりかけた血を直接付着させた」と指弾した。さらに、このシャツの背中内側の広い範囲に直接血が付いた部分が確認できることや、ブリーフに付いているB型の血痕がその上にはくステテコやズボンから検出されていないことを挙げ、「捏造を裏づける証拠だ」と言い切った。

犯行態様についても、被害者4人の傷は同じような部位に集中しており、しかも刺し傷ばかりであることから「全員、身体を動かせない状態で刺された」と推測した。被害者が腕時計をしていた状況などから、犯行時には4人とも起きていて衣服を着用していたと見立て、傷の場所からも「犯人が返り血を大量に浴びることはなかった」と分析。5点の衣類に付着した血痕の多くがA型なのは、被害者の中で唯一の成人男性である味噌会社専務（A型）が最も激しく抵抗したためとする検察の論理を否定した。

(5)　タンクの味噌は高さ1・5センチにしかならない

5点の衣類が味噌タンクから見つかったことをめぐり、弁護団は「犯行直後に味噌タンクに隠すことはあり得ない」と主張した。

事件当時このタンクに入っていた味噌は80キロで、平らにならせば底から約1・5センチの高さにしかならないので「隠すことなどできなかった」と訴えた。また、事件の20日後に新たに約4トンの味噌の材料が仕込まれるまでの間に、このタンクから味噌が取り出されていたにもかかわらず、5点の衣類は発見されなかったと指摘した。

警察は事件の4日後に味噌工場を捜索している。その際に5点の衣類が発見されなかった理由を検察は「工場側から損害が出ないよう味噌の内部は捜索しないでほしいと強く要請されていたため」と説明している。これに対し弁護団は、5点の衣類が入った麻袋がタンクに入っていれば味噌の一部だけが不自然に盛り上がっていたはずで「中に何か入っているか調べないまま放っておくことはない」と反論。「捜索の際に味噌の中は確認しなかった」とする警察官の証言は信用できないとした。

(6) 「今までなかった議論になった」

弁護団と袴田さんの姉・秀子さんは公判終了後、静岡市内で記者会見した。

弁護団の西嶋勝彦団長は「袴田さんが装着実験でなぜズボンをはけなかったのか、多面的に主張を展開した」と振り返った。小川秀世・事務局長は「5点の衣類の鮮明なカラー写真が開示されて捏造証拠だと確信した。そこから分かったことを主張・立証し、今までなかった議論になった」とこの日の反証の意義を唱え、5点の衣類を証拠から排除するよう申し立てる方針を改めて示した。

秀子さんは「検察はわけの分からないことをグダグダ言っており、そこに反論してもらって良かった。5点の衣類の実物は初めて見たが、古い物だし、よく分からなかった」と感想を話し、「何を言おうと勝つしかない」と力を込めた。

5　第5回公判……犯行の動機や袴田さんのけが、パジャマをめぐり検察と弁護団が論戦（2023年12月20日）

第5回公判は12月20日、静岡地裁で開かれた。検察が設定した論点③「袴田さんが犯人であることと整合するその他の事情が存在する」をめぐり、検察と袴田さんの弁護団が論戦を展開。袴田さんには事件を起こす動機があり、けがやパジャマが犯行と結びつくと主張する検察に対し、弁護団はいずれも否定し「犯人性は成り立たない」と反論した。

(1)　検察「袴田さんは金銭に余裕がなかった」

検察は、被害者宅の押入れから味噌工場の売上金が入った布袋が3つ持ち去られていたことなどから「犯行は金品を取るためだった」と想定し、怨恨目的とする弁護団に対抗した。そのうえで、袴田さんに「金品を手に入れるための犯行に及ぶ動機があったこと」を詳述した。

袴田さんは味噌工場で働いている時に、給料の前借りや質店の利用を繰り返していたと指摘。袴田さんが実家に預けた息子の養育費を毎月渡していたことや、賭け事を好んでいたことを背景として挙げ、「決して金銭に余裕のある生活をしていたものではない」との見方を示した。被害者の味噌会社専務が月末に売上金を自宅に持ち帰っていることを知っており、事件の前月には同僚にその金額を尋ねるなど「売上金を意識していたことが推認される」と述べ、袴田さんには動機があったと立論した。

犯行に使われた凶器については、遺体のそばに刃が落ちていたクリ小刀との前提に立ったうえで、袴田さんが静岡県沼津市の刃物店で購入したことがうかがえると主張した。根拠として、同店では同種のクリ小刀を販売しており、事件の2週間後に警察官が店員に味噌工場の従業員の顔写真28枚を示したところ「見覚えがある」と言って袴田さんの写真を選んだことを挙げた。

(2) 中指の傷は犯行時に負った

袴田さんが事件当夜に負った左手中指の切り傷をはじめ複数の傷も「犯行時に生じた」と断じた。袴田さんは中指の傷を、事件による火災の消火活動の際に「トタンかガラスで切った」

と説明したが、検察は事件の4日後に診察した医師が傷の状態から「刃物など何らかの鋭利なもので形成された」と判断していると強調。けがの原因に関する袴田さんの供述が変遷しているとも指摘した。事件当夜に負った傷が10カ所ほどあることも「犯行時に被害者の抵抗に遭ったことと整合する」と見立てた。

起訴前日の身体検査で記録されている右足の脛の傷は、逮捕当日の身体検査調書に書かれておらず、東京高裁・差戻審の決定は「逮捕後に生じた疑い」に言及している。この点について検察は「逮捕時の身体検査は簡略に行われた」と考察したうえで、傷が逮捕後にできたとすれば警察が暴行で負わせた傷を証拠化したことになり「極めて考え難い話」との受けとめを示した。

検察はさらに、袴田さんが当時着ていたパジャマに、袴田さんとは違う型の血液と混合油（ガソリンと潤滑油）が付着していたとする鑑定に注目した。被害者宅への放火に使われたとされる混合油はモーターボートの燃料用に味噌工場に置かれていたもので「パジャマに混合油と他人の血液が同時に付着することは考えられない」と分析。原因として、検察が犯行着衣と主張する5点の衣類から犯行直後に着替えた際に付着した可能性に触れた。

検察は今回の公判で挙げた「事情」が「袴田さんの犯人性を推認させる程度には強弱がある」と認めながらも「すべて事件と関係なく生じたと考えるのは不自然」との見方を示し、「全体として袴田さんの犯人性を裏づけている」と結んだ。

(3) 弁護団「動機の論理は飛躍しすぎている」

これに対し弁護団は、検察が主張・立証した事項に逐一反論した。

中でも注力したのは、袴田さんには犯行の動機がないことだ。仮にお金に困っていたとしても「金銭的に困窮している人は強盗殺人を犯す動機がある、とは論理が飛躍しすぎている」と検察を強く批判。被害者宅に売上金があることは従業員なら誰でも知っており、「これで立証できるなら誰でも犯人にできてしまう」と訴えた。

クリ小刀を購入した根拠とされた刃物店の店員の供述については「歪められ悪用された」と捜査を非難した。この店員が公判での証言後、「警察に示された写真の中に見覚えのある人はいなかった。警察にもそのように回答した」と袴田さんの弁護人に告白したことを紹介。数カ月前の一見の客を正確に覚えているわけがなく、警察が示した28枚の顔写真の中に袴田さんのものは2枚あったのに1枚しか選んでいないのは不自然などとして「(店員の)証言には虚偽の疑いが大きく残る」と主張した。

袴田さんの左手中指の傷は「消火活動中に転倒した時か屋根から落ちた時に生じた」と反論した。理由として、①検察が挙げた医師の前日に診察した別の医師が「鋭利なものによる傷ではない」と診断していた、②袴田さんは一貫して「消火活動中にけがをした」「傷には気がつかなかった」と話しており説明は変遷していない、③火災現場でけがをするのは自然なことで、同じ消火活動中に味噌工場の複数の従業員が負傷している——ことを列挙した。

検察がパジャマに付着していたと主張する血液と混合油についても、その拠り所とされる鑑定の信用性を否定した。パジャマの上衣には「肉眼では血痕か錆か醤油のしみ跡か判断できない程度のわずかなしみしかなかった」と説明。警察庁科学警察研究所が実施した別の鑑定では「血液型の検出は不可能」「ガソリンなどの鉱物油は何ら検出せず」との結果が出ていることを重視し、パジャマには「全く証拠価値がない」と切り捨てた。弁護団は法廷にパジャマの実物を展示し、裁判官にアピールした。

袴田巖さんのパジャマ。鑑定で上部が切り取られている（鑑定書より）

(4) アリバイを明示する証言がある

そのうえで弁護団は、袴田さんのアリバイを明示する証言があると主張した。再審請求審で証拠開示された味噌工場従業員の供述調書によって、袴田さんは火災を知らせるサイレンが鳴った直後から消火活動に加わり、鎮火までの間、絶え間なく目撃されていたことが判明したと強調。ところが、これらは隠ぺいされ、従業員は公判で「火災発生時には袴田さんを見かけなかった」と証言内容を変えた、と指摘した。

そして「(今回の公判で)取り上げたすべての事項が『袴田さんの無実』を支える。よって検察の主張する『犯人性』は成り立たない」と結論づけた。

(5)「いかにひどい事件か示せた」と弁護団

弁護団と袴田さんの姉・秀子さんは公判終了後、静岡市内で記者会見した。秀子さんは「弁護団の反論は良かった。絶対に勝つ」と力を込め、「来年の夏ごろには無罪を勝ち取れると思う。今年も良い年だったが、来年はもっと素晴しい年になる」と笑顔を見せた。

角替清美弁護士は「検察はなぜこんなことを再審で主張するのか、無駄な1日になるかと思っていた。でも、袴田さんのアリバイという新しい証拠を出せたし、この事件がいかにひどいかを示すことができ、結果的に有意義な1日になった」と総括した。

静岡地裁の訴訟指揮にも話題が及び、小川秀世・事務局長は「検察に今日のような主張・立証をさせるべきだったのか。いくらやっても有罪立証はできない」と心情を吐露。西嶋勝彦団長は「(地裁は)検察が立証に困っていると分かっていながら、公平な態度を示そうとして無理をしているのではないか」との受けとめを明かした。

6

西嶋勝彦・弁護団長が急逝、30年以上にわたり袴田さんを支える（2024年1月7日）

年が明けて飛び込んできたのが、西嶋勝彦・弁護団長の訃報だった。2024年1月7日に自宅で倒れているのが見つかり、運ばれた病院で同夜、息を引き取った。82歳だった。数年前から間質性肺炎を患い、酸素ボンベを付け車いすで再審公判に臨んでいたが、1月5日の弁護団会議にも参加しており、変わった様子は見られなかったという。再審公判が本格化し、いよいよ「無罪」が見えてきた時期だけに、長年一緒に闘ってきた袴田さんの姉・秀子さんをはじめ弁護団のメンバーや支援者に衝撃が走った。

西嶋氏は福岡県出身で、中央大法学部を卒業し1965年に弁護士登録。徳島ラジオ商事件や島田事件などの冤罪・再審事件を担当した。1990年に袴田事件の弁護団に加わり、2004年に弁護団長に就いた。

1月13日の葬儀後に記者会見した弁護団の小川秀世・事務局長は「判断が的確で重みがあって、最後になかなか収拾がつかない時に、こういう判断でいこうじゃないかと我々を引っ張っていただいた」と西嶋氏が果たした役割の大きさを振り返った。私が取材したところでも、弁護団

「再審法改正をめざす市民の会」の結成集会で再審法制整備の必要性を強調する西嶋勝彦氏＝2019年５月20日、東京・永田町の国会議員会館（撮影／小石勝朗）

で意見が割れた時に西嶋氏が決断すれば、それ以上、異を唱えるメンバーはなく、議論は収まったと聞いている。

　結果が思うように出ず社会の注目も得られなかった第１次再審請求の段階から、信念を持って辛抱強くかかわり、弁護団のまとめ役として代えがたい存在だった。東京高裁の差戻審で再審開始決定が出て、検察が特別抗告を断念したと知らされた直後の記者会見で見せた涙混じりの感極まった表情が、この事件への思い入れの強さを物語っていた。

　私にとっても同じ大学・学部の大先輩。記者会見だけでなく何度か個別に取材をする機会があったが、常に毅然とした態度、張りのある声で、ブレることのない受け答えをしていただいた。7年ほど前、ある集会の終了後の懇親会で、猪口に手酌で日本酒をつぎ、おいしそうにたしなんでいた姿が、妙に印象に残っている。

7　第6、7回公判……「ズボンの端切れも警察の捏造」、5点の衣類めぐり弁護団が主張（2024年1月16日・17日）

第6回、第7回公判は2024年1月16、17日、静岡地裁で開かれた。両日とも袴田さんの弁護団が主張・立証と検察への反論を展開。事件の1年2カ月後に味噌タンクで見つかった「5点の衣類」をめぐり、袴田さんのものと認定される根拠になったズボンの端切れは「警察がすり替えた」と立論した。また、5点の衣類に付着した血痕に赤みが残っていたことを挙げて「捜査機関が発見の少し前に味噌タンクに入れた」と強調。確定審で死刑判決の決め手とされた5点の衣類は「捏造証拠だ」と改めてアピールした。

(1)　袴田さんの実家での発見経緯に不審な点

5点の衣類をめぐっては、そのうちのズボンの端切れ（共布）を警察が袴田さんの実家のタンスで見つけたとされ、袴田さんの衣類と判断される裏づけになった。弁護団は今回、タンスにあったのは袴田さんの喪章で「警察がズボンの共布とすり替えたことが強く推認される」と主張した。

弁護団は、被害者の葬儀の時の袴田さんの写真や袴田さんの母親の証言をもとに、母親がタンスにしまったのは、袴田さんの逮捕後に味噌工場から送られてきた荷物に入っていた喪章だ、と筋立てた。

そして、端切れを警察が見つけた経緯に不審な点があると問題視した。実家の捜索は5点の衣類が発見された12日後に実施されたが、担当した警察官が、①実家に着くと1時間前から別の警察官Mが来ており、「タンスの引き出しの中を調べてみてはどうか」と言われて端切れを見つけた、②その際、Mがすぐに「5点の衣類のズボンの共布」と断定し捜索を終了させた――と1993年に袴田さんの支援者の聴取りに答えており、Mによる捏造を示唆しているとの見方を示した。

端切れの切断面が5点の衣類のズボンと一致するという鑑定結果が出たのは、この捜索の約3カ月後だ。2本分あるはずのズボンの端切れが1つしか見つかっていないことや、切断面がギザギザの端切れと喪章は形状が違うこと、味噌工場から実家に送られていた他の所持品が調べられていないことにも疑問を呈した。

弁護団はこうしたことから、この日の捜索の目的は「合法的に袴田さんの実家に上がり込み、至る所に手をつけること」だったと推測し、「喪章は警察によって共布とすり替えられた」「ズボンの共布は捏造された証拠」と結論づけた。

(2) 「味噌に漬かった血痕に赤みは残らない」と改めて強調

5点の衣類の血痕の色合いは、第2次再審請求の差戻審で東京高裁が出した再審開始決定の拠り所になった。高裁は「1年以上味噌に漬かった血痕に赤みが残ることはない」とする弁護団の主張を受け入れ、血痕が赤みを帯びていた5点の衣類は「発見直前に袴田さん以外の第三者がタンクに隠匿した可能性」があると判断した。しかし、検察は再審でも血痕の色合いにこだわり、新たな鑑定書をもとに「赤みが残っても不自然ではない」と主張。弁護団は「蒸し返しだ」と反発したが、静岡地裁は審理のテーマとすることを容認し、再び最大の争点になりそうだ。

弁護団はまず、5点の衣類の発見時の鑑定書の記載や発見者の証言、写真から「血痕には赤みが残っていた」と断じた。そのうえで、第2次再審請求審以降に弁護団と検察が実施した9件の味噌漬け実験で、血液を付着させた布を1年以上味噌に漬ければ血痕の赤みは消失するとの結論が出ていると指摘。血痕に赤みが残っていた5点の衣類が「1年以上も味噌に漬けられていたものではないことを示している」と分析した。

続いて、旭川医科大の清水恵子教授と奥田勝博助教（ともに法医学）による鑑定が明らかにした、味噌に漬かった血液の赤みが失われる化学的機序を紹介。血液を赤くしているヘモグロビンが味噌の塩分と弱酸性の環境によって変性・分解、酸化して褐色化し、1年以上味噌に漬かれば「赤みは残らない」と強調した。

血液が凝固・乾燥したり味噌タンク底部の酸素の乏しい環境に置かれたりすると赤みが消えるのに時間がかかる、との検察の主張に対しては「味噌の発酵の過程で生じる液体（たまり）が血液に浸透することで化学変化は進む」「5点の衣類が入っていた麻袋や衣類の布が空気を含んでいる」などと反論した。

そして「色に関する証拠は5点の衣類が捏造であることを示している。5点の衣類によって袴田さんが犯人であるということはできない」と結んだ。

(3) 録音テープをもとに取調べの違法性を非難

弁護団は、捜査段階での取調べの違法性も非難した。袴田さんに対する計約430時間の取調べのうち、第2次再審請求審で開示された47時間分の録音テープをもとに問題点を提示。テープの音声の一部を法廷で流した。

具体的には、①「小便に行きたい」との要求にすぐには応じず、取調室に便器を持ち込んで排尿させた、②体調不良を訴え医師の診察を受けた後も深夜まで取調べを続けた、③弁護士との接見の様子を密かに録音していた、④事件で奪った金の一部を預けた相手として取調官が元同僚の女性の名前を出して「自白」を誘導した——などと列挙した。

そして、取調べは確たる証拠がない中で「袴田さんをひたすら犯人視し、自白を強要し、執拗に謝罪と反省を迫るものだった」と批判した。こうした経過は「袴田さんが犯人に仕立てられたことを示している」と強調し、袴田さんは身体的・精神的に追い詰められ「ついに『自白』に落ちてしまった」と推察した。

(4) 「被害者の遺体に縛られた痕跡」と新たに主張

さらに弁護団は、4人の被害者の遺体の写真をもとに「縛られていた痕跡がある」との新たな主張を展開した。検察が「袴田さんがお金を奪うために単独で犯行に及んだ」と事件の構図を描いているのに対し、「動機は怨恨で複数犯」と改めて反論した。

弁護団は、被害者の首や足、腕に縄が巻き付けられていたほか、頭蓋骨に穴を開けられたり前歯を折られたり指を切断されたりした形跡があり、遺体のそばに縄の断片が写っていると指摘した。また、刃物による刺し傷は胸と背中に集中しており、「被害者は縛られたまま寝かされ、動けない状態で刺された」と推定。放火によって手足や顔がひどく焼かれていることを挙げて「縛られた痕や縄、暴行によるひどい傷を隠そうとした」と見立てた。

こうした点から「犯人が複数だったことは確実」で、残忍な殺害方法からは「動機は被害者らに対する強い恨み」がうかがわれるとし、「犯人は暴力団関係者などが考えられる」と言及した。

(5)「西嶋勝彦・弁護団長に無罪判決を聞いてほしかった」

弁護団と袴田さんの姉・秀子さんは両日とも、公判終了後に記者会見をした。

西嶋勝彦・弁護団長が1月7日に急逝した直後だけに、16日の会見で小川秀世・事務局長は「西嶋先生の気持ちを身にまとって良い主張・立証ができた」と振り返った（小川氏はこの後、西嶋氏の後任の主任弁護人に就いた。弁護団長は空席とし、小川氏は事務局長を続けている）。

秀子さんは16日、開廷前に地裁へ向かう際に西嶋氏の写真を掲げていた。記者会見で「あと半年生きて無罪判決を聞いてほしかった。『長い間ありがとう』という気持ちしかない」と西嶋氏を偲び、「今日は他の先生（弁護士）の意気込みが違った。もう勝ったようなものです」と前を向いた。

(6) ボクシング関係者や冤罪被害者が来援

年明け最初の再審公判には、袴田さんを支援してきたボクシング関係者や冤罪被害者も訪れた。

日本プロボクシング協会の袴田巖支援委員会からは1月16日に、元世界チャンピオンの飯田覚士さんら4人が来訪。傍聴を希望したが4人とも抽選にはずれた。新田渉世委員長は「多くの人に関心を持ってもらう一助にしたいと参加した。地裁には開かれた裁判のために、傍聴席の拡大や別室でのモニター傍聴を求めたい」と語った。

大阪市で起きた「東住吉事件」（1995年）で無期懲役が確定した後、再審で無罪判決を受けた青木恵子さん（冤罪犠牲者の会共同代表）は1月17日に来訪。「（冤罪を訴える）仲間が勝つと『次は自分』と希望をもらえるので、少しでも励ましたい」と袴田さん姉弟にエールを送った。

8 第8、9回公判……5点の衣類の血痕の色合いに「不自然な点はない」と検察が主張、5月22日に結審へ（2024年2月14日・15日）

第8回、第9回公判は2月14、15日、静岡地裁で開かれた。死刑判決が袴田さんの犯行着衣と判断した「5点の衣類」に付いていた血痕の色合いをめぐり、検察が主張を展開。再審開始が認められる決定打となった「血痕の赤み」に対し、法医学者7人が新たにまとめた共同鑑定書などをもとに「不自然な点はない」と強調した。地裁は4月以降の公判期日を指定し、再審は5月22日に結審する見通しになった。

(1) カラー写真は色合いの把握に不適当

検察はまず、複数ある発見直後のカラー写真によって、5点の衣類の血痕の色合いは異なっていると指摘した。写真は撮影時の露光の調整や照明の設定、現像・プリントの方法によって色合いが左右されるため「大まかな色合いの傾向を把握するにも不適当」との前提に立った。

5点の衣類を見た人の説明も「濃赤色」「赤紫色」「ドス黒い」「濃い茶色」など異なっているとし、「照明光源を含む観察条件の影響が考えられる」との光学専門家の見解を紹介。光量や天候などによって「赤みを感じさせることもあれば黒・茶褐色系が強く見えることもある色合いだった」との見方を示した。

(2) 化学反応の進行速度を考慮すべき

「1年以上味噌に漬かった血痕に赤みが残ることはない」と結論づけた旭川医科大の清水恵子教授と奥田勝博助教（ともに法医学）の鑑定に対し、検察は「血痕に起こる化学反応を指摘するのみで、1年あまり味噌漬けされた血痕に赤みが消失するところまで化学反応が進行するという根拠を示していない」と反論した。清水氏らの鑑定は「味噌醸造における環境条件について、醸造専門家らの見解に反する誤った理解をしている」と批判した。

検察は、味噌に漬かった血痕に赤みが残るかどうかを判断するためには、血痕に起こる化学反応の進行速度・程度を考慮すべきだと立論。特に「進行を阻害する要因の影響の有無・程度を検討する必要がある」と強調し、具体的な阻害要因として、血痕化に伴う血液の凝固・乾燥や低い酸素濃度を挙げた。

検察は味噌に漬かった血液に起こる化学反応の機序は認めながら、血液の凝固や乾燥、酸素の少ない環境が褐色化の進行を遅らせるので、1年後に赤みが残っている可能性はあると主張している。

(3) 味噌漬け実験への評価は分かれる

血液を付着させた布を長期間味噌に漬けて色合いの変化を観察する「味噌漬け実験」は、これまで弁護団と検察がそれぞれ複数回、実施している。弁護団がこれらの実験で「血痕の赤みは消失するとの結論が出ている」との受けとめを示したのに対し、検察は「5点の衣類が味噌漬けされたのと異なる条件の下で行われており、血痕に赤みが残ることはないとただちに認定することはできない」とのスタンスに立った。

一方で、検察が再審請求・差戻審の段階で実施した味噌漬け実験では「血痕に赤みを感じさせる試料が複数の条件下において観察された」と評価。低い酸素濃度、血痕化に伴う凝固・乾燥のほか、布の厚さや血液の量の影響が考えられると分析し、「味噌醸造の環境下において血痕の化学反応の進行を阻害する要因の存在」を裏づける材料とした。

そして「1年あまり味噌漬けされた5点の衣類の血痕に赤みが感じられたことに不自然な点はない」と強調。他の証拠と併せれば「5点の衣類を袴田さんが犯行時に着用し味噌タンクに隠匿したという（死刑判決の）事実認定が揺らぐことはない」と結んだ。

(4) 弁護団は「抽象的な可能性を指摘しているだけ」と反論

弁護団は直後に反論し、検察の主張は「血痕に赤みが残る抽象的な可能性を指摘しているにすぎず、5点の衣類に赤みが残ることは間違いないと立証されたとは言えない」と非難した。根拠として「血痕の赤みが消えるのに必要な酸素量は極めて微量であり、（5点の衣類が隠されていた味噌の）タンクには血痕の赤みが消えるのに十分な酸素量があった」などとする清水氏らの新たな意見書を取り上げた。さらに、差戻審での鑑定に使ったサラシより厚いメリヤスによる実験でも「数日以内に血痕の赤みが消失した」とする奥田氏の鑑定書や、味噌漬けの環境であれば血痕であっても味噌中の水分が浸透し酸化が進むとする石森浩一郎・北海道大学大学院教授（物理化学）の意見書などで検察に対抗した。

そのうえで「5点の衣類が1年以上、味噌漬けにされれば血痕の赤みは消失する」と力を込めた。

(5) 検察の共同鑑定書に「証拠価値はない」

公判終了後の弁護団の記者会見では、検察の主張・立証に対し厳しい批判が相次いだ。法廷で反論した間光洋弁護士は「最高裁（の差戻し決定）は『血痕の赤み』が犯人性に直結するとの基本的な判断枠組みを示した。それなのに検察は論点の重要度を低く設定し、赤みが残る抽象的な可能性で有罪を立証しようとしている。最高裁の基準をねじ曲げており許せない。赤みが消えるという結論は揺らがない」と語気を強めた。

笹森学弁護士は検察が新たに提出した共同鑑定書に対して「実験をしておらず、7人の法医学者がオンラインで3回会議をしただけ。東京高裁の再審開始決定を『科学リテラシーが欠如している』と批判しているが、証拠価値はない」と切り捨てた。

元裁判官の水野智幸弁護士は「今日の段階で検察は立証責任を果たしていない」との受けとめを示したうえで、「判決が『（捜査機関が証拠を）捏造した』と踏み込めるのなら、これからの審理に意味がある」と証人尋問の意義を説明した。

2月8日に91歳になった袴田さんの姉・秀子さんは「検察は長々とした陳述だったが、弁護団の反論は小気味よかった」と感想を語り、結審の日程が固まったことについては「裁判なので最後までお付き合いします」と淡々と話した。

◇　◇　◇

再審公判では、静岡地裁による傍聴人への規制や袴田さんの支援者らへの対応が過剰だと声が上がり、袴田さんの弁護団や支援団体が地裁に対し改善を申し入れる異例の事態になった。地裁は判決公判に限って広い法廷にしたり、傍聴券の申込み締切時刻を途中の公判から10分だけ遅らせたりはしたが、基本的に要請に応える姿勢は見せず「裁判所ムラ」の論理を貫いた。

9　静岡地裁の傍聴人への規制は「過剰で不必要」、弁護団が中止を申入れ（2024年2月26日）

袴田巖さんの再審公判で、静岡地裁（國井恒志裁判長）による傍聴人への規制が「過剰で不必要」だとして、袴田さんの弁護団が速やかに中止するよう地裁へ申し入れた。裁判の傍聴は憲法21条（知る権利）で国民の権利として保障されていると立論。法廷への所持品の持込み制限や警備員の配置などを問題視している。

静岡地裁には多数の傍聴希望者が訪れたが、結審まで一般傍聴席は少ないままだった＝2024年５月22日（撮影／小石勝朗）

(1) 筆記用具を除く手荷物を強制的に預けさせる

弁護団の申入れは２月26日付。申入書はまず、地裁が傍聴人に対して入廷前に、筆記用具を除くすべての手荷物を強制的に預けさせていることを批判した。ハンカチやティッシュペーパーを入れるバッグまで対象にしていると主張している。

第２回公判の際に、携帯電話がポケットに入っているのを失念してボディーチェックを受けた人の傍聴券を地裁が無条件に剥奪した事例に触れ、改めて携帯電話を預けてもらって傍聴させれば済む話なのに「あまりにも行き過ぎた対応で人権侵害に該当する」

と非難した。

また、地裁が公判の間ずっと法廷内に複数の警備員を配置し、傍聴席に向かって着席させて傍聴人を監視していると指摘した。

さらに、傍聴希望者に向けた掲示に「傍聴券に当選されなかった方は、周辺施設及びほかの来庁者の安全のため、速やかにご帰宅ください」との文言があったことを取り上げ、傍聴希望者を「差別した不適切な通告」だと批判した（なお、この文言は1月17日の第7回公判の時点で確認されたが、袴田さんの支援団体が抗議した結果、2月14日の第8回公判では削除されている）。

(2) 「傍聴希望者を危険人物とみなすのか」

申入書は「裁判が公開され一般市民が傍聴することとは、司法に対する国民の信頼を維持するうえで最も重要な制度的保障にほかならない」と強調。最高裁が定める裁判所傍聴規則をもとに、傍聴のルールとして認められるのは危険物や裁判の妨げになり得るような物品の携帯禁止など「公平公正な裁判を実現するために必要かつ十分な制限」に限られるとの認識を示した。

静岡地裁は再審公判への入廷前に傍聴人に対し金属探知機を使った厳重な検査をしており、弁護団は一切の所持品の持込みを禁止する「必要性は皆無だ」と主張。「公正な裁判の実現を阻害する現実的な危険が認められない限り、傍聴する権利に含まれる日常的な物品の所持が禁止されるいわれはない」と地裁の対応を糾弾した。

掲示の文言については、傍聴希望者の多くが袴田さんの死刑判決に疑問を抱いており、それは国家権力たる検察や裁判所に盾突くことを意味するから「危険人物とみなすということなのか」と問いただした。そうした発想は「裁判官に対する一般市民の信頼を大きく裏切る」と断じたうえで、掲示の文言を撤回するだけでなく、率直に誤りを認めて傍聴希望者に謝罪するよう求めた。

國井裁判長は2月28日の弁護団、検察との三者協議で、申入れに対し「可能な限り3月25日の次回公判の頃までに回答したい」と述べた。その後、弁護団に「ご意見としてお聞きするが、裁判所として円滑な公判審理を行うという観点から必要な警備、掲示を行っているところである」との〝回答〟を寄せてきたという。

(3) 補佐人の姉・秀子さんにもバッグの持込みを認めず

弁護団の小川秀世・事務局長（主任弁護人）は申入書の提出後に静岡市内で記者会見し、「地裁の対応は厳格すぎて異常ではないか。とくに所持品については裁判所傍聴規則を超えた規制が行われている」と申入れの理由を説明した。

出頭義務を免除された袴田さんに代わって毎回出廷している補佐人の姉・秀子さんも、2月

14日の第8回公判から、それまで問題にならなかった小さなバッグの持込みがはっきりした理由も告げられないまま認められなくなったという。バッグにはハンカチやティッシュ、メモ帳などを入れていた。小川氏は「國井裁判長の法廷警察権の行使は著しく不当ではないか」と力を込めた（なお、秀子さんの所持品について、地裁は申入れに対する〝回答〟の中で「ハンカチ、メモ帳、ペン、補聴器、ティッシュは入れ物も含めて持込みを認める」としたが、入廷時に所持品検査をする対応は変えなかった）。

一方、支援団体でつくる「袴田巖さんの再審無罪を求める実行委員会」も3月13日、「再審公判の過剰警備に抗議し、中止等を求める要請書」を静岡地裁に提出した。「傍聴者に対する執拗な所持品検査や身体検査」をはじめとする一連の地裁の措置は、憲法が保障する裁判公開の原則に反するとして、ただちに是正するよう強く求めている。再審公判に関する実行委の要請は5回目だが、地裁の職員は毎回意見を聞くだけで回答をしないという。

実行委は同時に、一般傍聴席の拡大を要求している。第2回公判以降も傍聴希望者は毎回100人前後に上るのに対し、傍聴席（48席）はマスコミへの割当てが優先され一般向けは26～27席しかないためだ。実行委は、抽選にはずれた希望者のために別室で法廷の映像や音声を「モニター傍聴」させるよう改めて要請。傍聴人が公判の途中で退席する場合、別の傍聴希望者に交代することができるよう仕組みを改めることも求めた。

⑷ 支援者への対応に異様な雰囲気を実感

いろいろな裁判の取材をしてきた私から見ても、今回の再審公判にあたって袴田さんの支援者らに対する静岡地裁のスタンスには、敵愾心のような異様な雰囲気を感じる。開廷前に弁護団と秀子さんが地裁に入る場面でも、マスコミには地裁の敷地内での撮影を認めているのに対し、立入りを拒まれ敷地外の狭い歩道で撮影しているフリーランスの記者や支援者がバランスを崩して半歩でも境界線を越えようものなら、監視の職員から厳しく諫められて排除されている。

一連の地裁の対応に、支援者の間では「犯罪者扱いされている」「予断と偏見を持たれている」と不満が渦巻くが、それでも「袴田さんが無罪になる裁判を無用に混乱させてはいけない」との思いで我慢しているのが現状だ。ちょっと考えれば分かることだが、そもそも支援者は一刻も早い無罪判決を望んでおり、審理を妨害する動機はないのだ。「裁判長は何に怯えているのか」と首をひねる支援者もいる。

再審公判の最初の頃、私は傍聴券が当たって入廷前のチェックを受ける際に「なんでこんなに厳しくするのですか」と職員に尋ねている。「裁判長の指示ですので」と小声で申し訳なさそうな答えが返ってきた。國井裁判長の責任は重い。

◇　◇　◇

再審公判では法医学者らの証人尋問が行われ、審理は佳境に入った。

10 第10〜12回公判……法医学者ら5人を証人尋問、5点の衣類の血痕の色合いめぐり異なる見解（2024年3月25日〜27日）

第10、11、12回公判は3月25〜27日、静岡地裁で開かれた。3日連続で証人尋問が行われ、袴田さんの弁護団と検察がそれぞれ請求した法医学者ら5人が証言した。テーマは、死刑判決が袴田さんの犯行着衣と認定した「5点の衣類」に付いた血痕の色合い。長期間味噌に漬かると血痕の「赤み」が消えるかどうかをめぐり、双方の証人は異なる見解を示した。

(1) 法医学会の理事長が検察側の証人に

今回、弁護団が請求して採用された証人は、旭川医科大の清水恵子教授と奥田勝博助教（ともに法医学）、北海道大学大学院の石森浩一郎教授（物理化学）の3人。清水氏と奥田氏は再審請求・差戻審で、血液を赤くしているヘモグロビンが味噌の塩分と弱酸性の環境で変性・分解、酸化して短期間で褐色化するとの実験結果をもとに「1年以上味噌に漬かった血液に赤みは残らない」と結論づけた鑑定書をまとめ、再審公判でも補強する鑑定書などを提出した。石森氏も差戻審の段階から、両氏の鑑定結果を支持する鑑定書などを出している。3人は差戻審でも証人尋問を受けた。

一方、検察が請求して採用されたのは、神田《こうだ》芳郎・久留米大教授（日本法医学会理事長）と池田典昭・九州大名誉教授（同学会元理事長）の法医学者2人。神田氏は、検察が提出した共同鑑定書をまとめた7人の法医学者の座長。池田氏は検察の聴取に応じて弁護側の鑑定結果を批判し、その内容が供述調書になっている。

証人尋問は検察側の2人から始まり、弁護側の3人の後、最終日に5人を同時に尋問する「対質」が行われた。

(2) 検察側証人は「血痕が黒くなる速度」を重視

検察側の2人は、弁護側の鑑定が示した血液の赤みが失われる化学的機序については異論を唱えなかった。

一方で「赤みが失われることが一般的ではあっても、必ずそうなると言うのは言い過ぎだ」「問題にしているのは化学反応の速度」（神田氏）との論理を展開した。弁護側の鑑定に対し「血痕の黒褐色化が進んでいく速度や、阻害する因子の検討を一切していない」（池田氏）と批判した。褐色化の速度を遅くする「阻害要因」として、血液が乾燥・凝固して血痕になっていたことや、5点の衣類が8トンの味噌の底部にあって酸素濃度が乏しい状況だったことを取り上げた。両氏は、味噌原料の水分は「一般的には重石を乗せれば上に上がる」とし、底部の5点の衣類まで到達したとは断定できないので、血痕が溶けずに褐色化しなかった可能性があるとの見解を示した。神田氏は、味噌の仕込み直後の短時間に麹が大量の酸素を消費するため、味噌中の酸素濃度は低くなり「極めて嫌気的な環境になる」とも分析した。

そのうえで、1年以上味噌に漬かった血痕に「赤みが残る可能性を否定はできない」との主張を繰り返した。

(3) 弁護側証人は「赤みは残らない」と改めて強調

一方の弁護側の証人は、鑑定結果をもとに「1年以上味噌漬けにされた血痕に赤みが残ることはない」(清水氏、奥田氏)と改めて強調した。石森氏も「清水氏と奥田氏の鑑定書の内容について化学的に問題がある箇所はない」と言い切った。

血痕になることで褐色化の速度が遅くなるとの検察側の主張に対しては「味噌醸造の過程で浸出してくる水分の『たまり』が浸透すれば血痕の表面は水溶液になり、化学反応は十分に生じる」(清水氏)と反論した。石森氏も、味噌原料に水分が含まれているうえ、たまりが発生し、8トンの原料の圧力もかかるので、1年以上味噌に漬かった5点の衣類と血痕には「十分に水

３日間の証人尋問を終え弁護団の記者会見に参加した旭川医科大の清水恵子教授（右から２人目）、奥田勝博助教（同３人目）、北海道大大学院の石森浩一郎教授（一番左）＝2024年３月27日、静岡市葵区の静岡県産業経済会館（撮影／小石勝朗）

分が浸み込む」と述べた。

酸素濃度についても、５点の衣類が入っていた麻袋や衣類のすき間に酸素があったと指摘。さらに、５点の衣類が事件直後にタンクに投入されたとすれば味噌は多くても２００キロしか入っておらず、20日後以降に計８トンの原料が仕込まれるまでの間に「血痕は十分な酸素にさらされていた」と説明した。そして、検察側が挙げた阻害要因を「それらの要素の影響はない」（清水氏）と否定した。

清水氏は「体外に出た血液が酸化されて赤みを失うのは普遍的な化学現象で、赤みが残るのは稀な事象」

との前提に立ったうえで、検察側の共同鑑定書の結論は「赤みが残る可能性があるという抽象的な可能性論。仮説を裏づける実証実験がなく科学的反証とは言えない」と非難した。

(4)「裁判官に分かってもらえた手応えがある」

3日間の証人尋問を終えて弁護団が3月27日に静岡市内で開いた記者会見には、清水氏、奥田氏、石森氏の3人も同席した。

「再審制度の新しい未来のために証人尋問に参加した。あとは裁判官に任せて大丈夫。判決日が待ち遠しい」。清水氏はこう語り、尋問での応答に自信を見せた。奥田氏は「裁判官に分かってもらえた手応えがある」、石森氏も「裁判官に理解してもらえた」と判決への期待を言明した。

弁護団の間光洋弁護士は「疑いの余地がない程度に、血痕には赤みが残らないと立証できた。検察側の証人は抽象的可能性を言うだけで、揚げ足取りのような議論に終始しており、結論に影響は及ぼさない」と総括。主任弁護人の小川秀世・事務局長は「裁判所がはっきり無罪判決を出すと確信が持てた。あとは捜査機関の違法行為をどこまで認定させるかだ」と力を込めた。

再審公判は4月17日と24日に血痕のＤＮＡ鑑定をテーマに開いた後、5月22日に検察が論告求刑、弁護団が最終弁論をして結審する見通しだ。袴田さんの補佐人として公判に毎回出廷している姉の秀子さんは「検察側の反論は苦し紛れだった」と証人尋問の感想を話し、「(再審は)

ひと山も、ふた山も、み山も越え、最終段階に入った。頑張っていきたい」と語った。

(5) 日弁連は再審法制の整備をアピール

証人尋問に合わせて、日本弁護士連合会（日弁連）の再審法改正実現本部のメンバーが2024年3月27日、静岡市を訪れ、学習会や街頭宣伝をした。小林元治・日弁連会長は静岡県知事、静岡市長とそれぞれ面会し、法改正に賛同するよう要請した。日弁連は、再審請求段階での証拠開示の義務化や、再審開始決定が出た際の検察の抗告禁止などを盛り込んだ改正案を独自にまとめており、超党派の国会議員による「えん罪被害者のための再審法改正を早期に実現する議員連盟」も3月11日に発足している。

第2次再審請求審で、静岡地裁が再審開始を認め袴田さんを釈放する決定を出したのは10年前のこの日だった。当時の担当裁判長の村山浩昭弁護士も同本部の行動に参加し、街頭で資料を配ったりマイクを握ったりした。村山氏は報道陣に「再審の実現までにこんなに時間がかかるとは思わなかった」「この10年に結果的に意味があったとは思えない」と語り、再審法制を整備する必要性を強調。街頭では「袴田さんのような方を今後出さないためにどうすれば良いか考えてほしい」と訴えた。

11　第13、14回公判……5点の衣類の血痕のDNA鑑定をめぐり攻防、「袴田さんの型と一致せず」との結果に評価は対立（2024年4月17日・24日）

第13回、第14回公判は4月17日と24日に静岡地裁で開かれた。テーマは、袴田さんの犯行着衣とされた「5点の衣類」の血痕に実施したDNA鑑定の信用性。「袴田さんや被害者のDNA型と一致しない」と結論づけた法医学者の鑑定結果をもとに「5点の衣類が捏造証拠だと裏づける」と主張する袴田さんの弁護団に対し、検察は「鑑定に信用性はなく証拠とはなり得ない」と反論した。

(1)　再審請求審で裁判所の判断は割れる

5点の衣類の1つ、半袖シャツの右肩の血痕は袴田さんと同じB型で、犯行時に被害者ともみ合って負傷した際に付いたとされてきた。

第2次再審請求審で静岡地裁は2011～2012年に、弁護団が推薦した本田克也・筑波大教授（法医学）と検察が推薦した山田良広・神奈川歯科大教授（法医学）によるDNA鑑定を実施。右肩の血痕のＤＮＡ型について、本田氏は袴田さんの型と「一致しない」、山田氏は「完全に一致するＤＮＡは認められない」との鑑定結果を出した。本田氏は被害者４人の返り血とされていた血痕についても「被害者の血液は確認できなかった」と判定した。

静岡地裁は本田氏の鑑定結果を「無罪を言い渡すべき新規・明白な証拠」の１つと認め再審開始決定（２０１４年３月）を導いたが、東京高裁の即時抗告審は本田氏の鑑定の信用性を否定し逆転の請求棄却決定（２０１８年６月）を出した。最高裁決定（２０２０年12月）は「血痕の色合い」を根拠に審理を高裁へ差し戻す一方で、ＤＮＡ鑑定に対してはＤＮＡの劣化や汚染を理由に高裁の判断を支持。再度の再審開始決定（２０２３年３月）を出した東京高裁の差戻審も「血痕の色合い」を新証拠に採用し、ＤＮＡ鑑定については「再審開始を認めるべき証拠に該当するかどうかを改めて判断するまでもなく」と記すにとどまっていた。

(2)　弁護団「本田鑑定は高度の信頼性を有する」

弁護団はまず、本田氏の鑑定は「信頼性が担保された標準的・高性能な検査キットや検査機器を用いて、マニュアル通りの標準的な仕様に従って行われた」と強調した。また、目視で血痕が付着していない部分から採取した11の「対照試料」からはＤＮＡ型が全く検出されなかったことを挙げて、５点の衣類は他のＤＮＡに汚染されておらず、検出されたＤＮＡ型は「血痕すなわち血液に由来すると推認するのが最も自然で合理的だ」と分析した。

本田氏が血液のＤＮＡだけを取り出すために採用した「細胞選択的抽出法」が再審請求審で「独自の手法で信用性がない」と批判されたことに対しては、この手法が適用されるのはもともと鑑定対象の試料に存在した細胞やＤＮＡだけであり、「本来は検出されるはずのない誤ったＤＮＡ型が検出される事態は原理的に生じ得ない」と反論。本田氏がこの手法を考案して袴田事件の鑑定に使ったのは「裁判所からの懸念や特別な鑑定事項について、できる限り誠実に応えようとしたためだ」とも言い添えた。

さらに、本田氏が使用した機器やキットをマニュアル通りに運用すれば由来不明のＤＮＡ型は検出されないと、海外の研究者の実験で確認されていることを紹介。５点の衣類の発見から鑑定まで44年が経過して試料が劣化していたことや、稀なＤＮＡ型が検出されていることについても、「検出された型は対象となる試料に実際に存在したＤＮＡに由来すると判断できる」と論理展開した。

３月の証人尋問で清水恵子・旭川医科大教授（法医学）が「本田氏が（袴田事件のＤＮＡ鑑定後に）法医学会で大変ないじめに遭っているのを目の当たりにした」と証言したことに触れ、そうした批判が「本田鑑定の信用性に本質的な影響を及ぼし得るか、真に科学的な批判かが、慎重に見極められなければならない」と問題提起。「本田氏によるＤＮＡ鑑定は高度の信頼性を有すると確信している」と結んだ。

(3) 検察「検出したDNA型は5点の衣類の血液のものではない」

一方の検察は「本田鑑定で判定されたDNA型は5点の衣類に付着していた血液のものではなく、5点の衣類の発見後に付着したDNA（外来DNA）や、それ以外の由来不明のDNAなどを評価している可能性が極めて高い」と主張した。

その理由としてまず、5点の衣類が発見から40年以上、DNAの保存に留意することなく常温で保管されており、DNA分解酵素を含む味噌に一定期間、漬かっていたことを挙げ、「血痕のDNAは分解され、鑑定可能なDNA量が失われているか、極めて微量でしかなかった」と見立てた。また、捜査や公判の過程で多くの関係者が触れる機会があり、「外来DNAによる汚染の可能性が指摘されていた」とも述べた。

そして、本田氏が用いた細胞選択的抽出法が、血液由来の細胞だけを凝集させたり分離させたりできるかどうかを疑問視。この手法には「科学的に説明できない多くの矛盾がある」「他の専門家による検証を経たものではない」と批判した。

また、本田氏の鑑定結果に対し、①山田氏の鑑定結果と著しく相違している、②日本人では出現頻度が稀なDNA型が多数検出されている、③劣化した血液からのDNA検出の傾向と異なる結果になっている、④本田氏のＤＮＡの混入がうかがわれる――と指摘した。

そのうえで本田鑑定によって検出されたＤＮＡが「少なくとも血液由来か外来汚染かを区別できないものである以上、袴田さんや被害者のＤＮＡ型との異同識別はできない」との受けとめを示し、本田氏の鑑定結果によって「５点の衣類が犯行着衣でも袴田さんのものでもないとする弁護団の主張には理由がない」と結論づけた。

(4) 証拠調べは実質的に終了、次回で結審へ

弁護団と袴田さんの姉・秀子さんは、両日とも公判終了後に静岡市内で記者会見した。

ＤＮＡ鑑定について陳述をした伊豆田悦義弁護士は４月17日の会見で「５点の衣類が袴田さんの犯行着衣かどうか、すべての証拠をフラットに見ると本田氏のＤＮＡ鑑定の結果はピタリとはまる。無罪を裏づける、十分信頼できる証拠だ」と強調。主任弁護人の小川秀世・事務局長は「本田鑑定は静岡地裁の再審開始決定の最重要証拠だったが、東京高裁の差戻審ではテーマになっていない。今回の裁判所の判断に期待したい」と述べた。

４月24日の公判をもって、再審の証拠調べは実質的に終了した。同日の会見で秀子さんは「やっと終わってほっとしている。58年分の闘いをするので大変だった。検察が何をおっしゃろうが巖は無実です」と力を込めた。

再審は次回・5月22日の公判で検察の論告求刑と弁護団の最終弁論を行い、結審する。秀子さんの意見陳述も予定しており、48年間の身柄拘束によって今も拘禁反応を患う弟の「気持ちを率直に申し上げたい」と語った。検察は死刑を求刑するとみられるが、小川氏は「無罪判決が出ると絶対的な自信を持っている。検察が有罪の立証をできたとは思えず、死刑を求刑することは許されない」と語気を強めた。

一方、検察は論告にあたり、殺害された被害者の遺族（夫妻の孫）の意見を読み上げたいと地裁に申し出ている。小川氏は、被害者遺族の刑事裁判への参加制度を前提としながらも「再審が実施されているのは有罪に合理的な疑いがあると認められてのことで、通常審とは事情が違う。それに、事件当時まだ生まれていなかった方が意見をおっしゃるのはどうか」として反対する意向を示した。

◇　◇　◇

約7カ月間に及んだ再審公判も結審を迎えた。袴田さんの支援者には「やっとここまで来た」という安堵と、検察が死刑を求刑することへの怒りが交錯した。静岡地裁には初公判以来の大勢の人が来訪。26しかない一般傍聴席に224人が申し込み、倍率は8・6倍にのぼった。

12 第15回公判……検察が死刑を求刑、弁護団は無罪を主張し結審、判決は9月26日（2024年5月22日）

第15回公判は5月22日、静岡地裁で開かれた。検察は論告で「袴田さんが金品を得るために犯行に及んだ」と主張し、改めて死刑を求刑。袴田さんの弁護団は「捏造された証拠で犯人にされた」と無罪判決を出すよう訴えた。昨年10月から約7カ月間に及んだ再審の審理は終結。地裁は判決言渡しを9月26日に指定した。

(1) 検察：5点の衣類以外でも「袴田さんの犯人性は推認される」

検察は論告を、事件の1年2カ月後に味噌タンクで見つかり確定審で袴田さんの犯行着衣と認定された「5点の衣類」ではなく、「それ以外の証拠だけでも袴田さんの犯人性は相当程度、推認される」と主張することから始めた。

理由として、①味噌工場にあったはずの雨合羽が事件現場に落ちており、そのポケットに凶器とされたクリ小刀のさやが入っていた、②味噌工場にあった混合油が減っており、放火に使われたとみられる――などを並べ、味噌工場の住込み従業員で事件当夜、寮の部屋に1人でい

再審公判の結審後に記者会見し「ともかく一安心」と語る袴田秀子さん（中央）。左は小川秀世・弁護団事務局長、右は田中薫弁護士＝2024年５月22日、静岡市葵区の静岡市民文化会館（撮影／小石勝朗）

た袴田さんは「このような犯人の行動を取ることが可能だった」と見立てた。袴田さんが借金をしていたことから「金品を手に入れようとする動機があった」とした。

５点の衣類については、ズボンとステテコに付いた血痕の位置や輪郭が符合しているなどとして「犯行着衣であると認められる」と論理展開した。また、ズボンの端切れ（共布）が袴田さんの実家のタンスから見つかったことや、事件の前に袴田さんが着ていた衣類の特徴と酷似していることを挙げて「袴田さんのものであると認められる」と強調した。

さらに、下着のシャツとスポーツシャツの損傷個所が袴田さんの右上腕部の傷の位置と符合することも併せて、袴田さんの犯行着衣だと立論。5点の衣類が見つかった味噌タンクが袴田さんの作業スペースだったことに触れ、「隠匿場所に選ぶのは非常に自然」と指摘した。

(2) ズボンの胴回りのサイズとベルトの穴が一致

確定審で実施された装着実験で、袴田さんはこのズボンをはけなかった。検察はズボンのタグに記された「B」をもとに大きいサイズ(B体)のズボンが味噌に漬かって縮んだと説明していたが、再審請求審の証拠開示によって「B」は色を表し、サイズは細身のY体だったことが明らかになった。

検察は論告で、事件当時の袴田さんのベルトで最も使われていた穴とズボンの胴回りのサイズが合致し、股下のサイズも当時はいていた別のズボンと同じであることを根拠にして、袴田さんのズボンだと主張した。そして、袴田さんは逮捕後に太っており、ズボンも味噌に漬かった後に乾燥して縮んだと、はけなかった理由づけをした。

再審でも最大の争点になった、5点の衣類に付いた血痕の色合いをめぐっては、1年以上味噌に漬かっていたのに赤みが残っていたのは不自然だとして再審開始決定が出た経緯がある。弁護団が鑑定を委託した法医学者によって、血液を赤くしているヘモグロビンが味噌の塩分や弱酸性の環境で変性・分解、酸化して短期間で黒褐色化するとの化学的機序が明示されたのが決め手になった。これに対し、検察は再審で7人の法医学者による共同鑑定書を新たに提出。血液の凝固や乾燥、酸素の少ない環境が褐色化の進行を遅らせ、1年後に赤みが残っている可能性はあると反論してきた。

(3) たまりの酸素濃度は極めて低い

検察は論告でまず、味噌工場の従業員が5点の衣類の発見直後の血痕の色合いを「ドス黒い」「濃い茶色」と表現していたことを挙げ、そもそも発見時点で「ほとんど赤みを感じさせるような色調ではなかった」との前提に立った。警察の鑑定書に「濃赤色」「赤褐色」と記されているのは白熱電球の下で観察したためとの見方を示した。

5点の衣類が事件発生直後に味噌タンクに投入されたとすれば、新たな原料が仕込まれるまでの約20日間はほとんど味噌に漬かっておらず、血痕は空気に触れている。検察はそうした状況でも「酸素濃度だけでなく種々の条件次第」で赤みは保たれる、と学者の見解をもとに主張。衣類が完全に味噌に漬かってからは醸造中に発生する液体（たまり）が血痕に浸透するものの「たまりに溶け込んでいる酸素濃度は極めて低い」として「（衣類が発見された）タンクの底部では血痕の褐色化の進行が極めて遅い可能性がある」と立論した。

そして、再審公判の証人尋問で「1年以上味噌に漬かった血痕に赤みが残ることはない」と証言した弁護側の学者に対し「化学反応の速度や程度を十分に検討する姿勢に欠けている」と批判。検察が実施した味噌漬け実験の結果や別の学者らの意見を引いて「血痕の赤みは残り得る」と強調した。

(4) 強固な殺意に基づく冷酷で残忍な犯行

再審開始決定は、5点の衣類を捜査機関が捏造した疑いにも言及している。検察は論告で、①袴田さんが事件前に着用していた衣類と酷似した品を、販売ルートにも矛盾がないように用意するのは不可能、②衣類を密かに味噌工場のタンクに入れるのは不可能、③内部告発などで発覚する危険を冒してまで捏造を敢行するとは想定しがたい――として、捏造は「非現実的で実行不可能な空論」と強く反発した。

検察は最後に「犯行は強固な殺意に基づき、極めて冷酷で残忍」と指弾。袴田さんが死刑判決の確定から約33年間、身柄を拘束され、訴訟能力としては心神喪失の状態にあるとしても「量刑の事情を変更させるものではない」とし、死刑を求刑した。

検察は論告に先立ち、被害者夫妻の孫にあたる男性の意見書を読み上げた。事件後、夫妻の娘である自分の母親が亡くなるまで悲嘆にくれて生活することを余儀なくされ、今日でもSN

Sに母親を誹謗中傷するような書き込みがされるなど遺族の苦しみは続いている、と申し立てる内容だったという。

(5) 弁護団：検察の主張は「まったくの蒸し返し」

一方、袴田さんの弁護団は最終弁論を「冤罪に巻き込まれた巖さんは確定審や第1次再審請求審で懸命に真実を語り、精力的に意見書を作成し、自らの無実を訴えてきた」と切り出した。まず、検察が取り上げてきた証拠を分析。ズボンのタグの「B」がサイズではなく色を表すと判明するなど、確定審の有罪の証拠が「証拠開示によって虚偽であることが明らかになった」と断じた。取調べを録音したテープで「警察の拷問」が裏づけられ、検察が再審で袴田さんの「自白」調書を証拠から撤回したことなどを列挙。再審での検察の主張は「これまでの裁判で使われていない価値のないものか、再審請求審ですでに裁判所に否定されている証拠に基づくもので、まったくの蒸し返しだ」と批判した。

確定審で有罪の拠り所になった5点の衣類については「犯行着衣ではなく、袴田さんのものではない。袴田さんを犯人に仕立て上げるために、捜査機関が捏造した証拠だ」と強調した。事件発生時にタンクに入っていた味噌は80キロで平らにならせば底から約1・5センチの高さにしかならないことや、事件の4日後の捜索で発見されなかったことを挙げて、「実際にはこのタンクに隠されていなかった」と指摘した。

(6) 共同鑑定書は「科学的反証とは言えない」

力を入れたのは、5点の衣類に付着した血痕の色合いだ。

弁護団は、犯人が5点の衣類を味噌タンクに隠したとすれば事件直後とみており、再審公判で証人となった法医学者の見解をもとに、新たな味噌原料が仕込まれるまで約20日の間に血痕は十分な酸素にさらされて酸化し黒ずんだ状態になっていたと分析。味噌原料が仕込まれた後も、5点の衣類が入っていた麻袋などに空気が含まれていることや、味噌から染み出るたまりが血痕に浸透することを挙げて「化学反応は進行し血痕に赤みが残ることはない」と指摘した。検察が提出した7人の法医学者による共同鑑定書を「抽象的な可能性論を繰り返すのみで科学的反証とは言えない」と切り捨てた。

発見直後の警察の鑑定書などに血痕は「濃赤色」「赤褐色」といった記載があり、弁護団と検察が実施した味噌漬け実験では1年以上味噌に漬けた血痕の赤みは消失していることにも触れ、5点の衣類が「1年以上味噌漬けにされていたとすれば極めて不自然。捜査機関が発見の少し前に入れた」と立論した。

さらに、シャツの右肩に付いた血痕のDNA型が袴田さんの型と一致しなかったこと、ズボンのわたり（太腿の付け根）のサイズは袴田さんのものにしては小さすぎ、共布の発見経緯にも不審な点があることなどを並べ、5点の衣類が袴田さんのものでも犯行着衣でもないとの主張を補強した。

(7)「捏造は可能」と検察に反論

弁護団は取調べの録音テープをもとに、過酷な取調べで追い詰められた袴田さんが犯行を「自白」させられ、「虚偽の自白に基づく証拠が次々に捏造された」と当時の捜査を非難した。

そのうえで、①警察は事件直後から袴田さんの行動を監視し、逮捕後は部屋に自由に立ち入っており、袴田さんのものと酷似した衣類を容易に用意できた、②袴田さんを犯人視していた味噌工場の関係者の協力を得ることは可能で、タンクに隠すのは困難ではなかった――などとして、5点の衣類の捏造を否定する検察に反論。地裁に対し「5点の衣類や自白が捜査機関の捏造だったと認定し、証拠から排除することを躊躇してはならない」と要請した。

弁護団は弁論の結びとして、犯人は複数で怨恨による事件だったとの見立てを示し、「袴田さんにはおよそ実行不可能な事件だった」と総括した。最近の袴田さんの様子を「心は閉ざされたままで、いつ死刑になるかもしれない恐怖に固く覆われていて、それを打ち消そうとする行為しかできない」と分析。間違った死刑判決を導いた関係者にできるのは「1日でも早く無罪判決がなされることしかない」と説き、誤判の原因の調査や対策の必要性にも言及して弁論を終えた。

(8)「人間らしく過ごさせて」と秀子さんが意見陳述

「今朝方、母さんの夢を見ました、元気でした、夢のように元気でおられたら嬉しいですが、お母さん、遠からず真実を立証して帰りますからね」

公判の最後に、出頭義務を免除された袴田さんの補佐人としてすべての再審公判に出廷した姉の秀子さんが意見陳述した。袴田さんが獄中で認めた手紙を読み上げ、弟の現況をこう説明した。

「釈放されて10年経ちますが、いまだ拘禁症の後遺症と言いますか、妄想の世界におり、特に男性への警戒心が強く、男性の訪問には動揺します。玄関のかぎ、小窓のかぎなど知らないうちに掛けてあります。就寝時には電気をつけたままでないと寝られません。釈放後、多少は回復していると思いますが、心は癒えておりません」

そして「今日の最終意見陳述の機会をお与えくださいまして、ありがとうございます。長き裁判で、裁判長様はじめ皆さまには大変お世話になりました」と丁重に謝意を表したうえで、「58年闘ってまいりました。私も91歳でございます。巖は88歳でございます。余命幾ばくもない人生かと思いますが、弟・巖を人間らしく過ごさせてくださいますようお願い申し上げます」と陳述を締めくくった。

(9)「無実だから判決は無罪だと思っている」

公判終了後、弁護団と秀子さんは静岡市内で記者会見に臨んだ。

秀子さんは死刑求刑について「聞こえなかった。検察の常套手段で、当たり前だと思っている」と淡々と語り、「巖の気持ちを伝えたかった。今は本人が言えないから当時の手紙を読んだ」と陳述の意図を明かした。この日の服装は「白」を意識したといい、「巖は無実だから判決は無罪だと思っている」と力を込めた。

主任弁護人の小川秀世・事務局長は「弁護団の最終弁論は簡潔・的確な表現で分かりやすかった」と振り返った。袴田さんは今でも「妄想の世界にいて、楽しいことをしたり人間関係を作ったりできない」との受けとめを示したうえで、「死刑冤罪は回復できないダメージを与える。死刑制度は存続すべきではないと確信した」とアピールした。

第5章
再審判決が斬り込んだ「3つの捏造」

袴田巖さん（88歳）に無罪を言い渡した2024年9月26日の静岡地方裁判所の再審判決は、5点の衣類、ズボンの端切れ（共布）、検事による「自白」調書について「3つの捏造」を認定した。東京高裁と静岡地裁が出した再審開始決定以上に歯切れ良く「捜査機関による捏造」に斬り込んだのが特徴だ。

(1)　ズボンがはけなかった理由は検察に同調

5点の衣類をめぐって判決は、血液付着や損傷の状況、袴田さんが事件前に類似する衣類を着ていたのに事件後に着用しなくなったこと、シャツの穴と袴田さんの傷の位置が概ね一致することなどを挙げて「5点の衣類が犯行着衣であり、袴田さんの着衣であることが一応推認される」と前置きをした。

また、味噌工場の従業員の証言や伝票をもとに、5点の衣類が見つかったタンクに事件当時入っていた味噌は約160キロで、外壁部では高さが20〜30センチになったとして「タンクに5点の衣類を隠匿することが不可能であったとは言えない」と検察の主張に同調した。

確定審の装着実験で袴田さんがズボンをはけなかったことに関しては、最も使われていたベルトの穴の位置とズボンの胴回りの寸法が符合することを根拠に「袴田さんは事件当時にこのズボンを着用できた」と判断。はけなかったのは、事件から装着実験の間に袴田さんが太り、ズボンも収縮したためとする検察の主張を受け入れた。

(2) 味噌に漬かった血痕は赤みを失って黒褐色化する

判決はそのうえで、再審公判で最大の争点になった5点の衣類の血痕の色合いについて検討した。

まず、発見時の従業員の証言や鑑定書・調書をもとに「5点の衣類には赤みを感じさせる血痕が付着していた」と認定。続いて、再審請求審で弁護団と検察がそれぞれ実施した味噌漬け実験の結果を考察し、「味噌漬けされた血痕は時間の経過に伴って茶褐色、黒褐色に変色し、赤みを感じさせない色調になる」と分析した。

再審無罪判決を受けて記者会見に臨む主任弁護人の小川秀世弁護士（左から２人目）と袴田巖さんの姉・秀子さん（一番右）＝2024年９月26日、静岡市葵区の静岡市民文化会館（撮影／小石勝朗）

そして、弁護団の委託を受け味噌に漬かった血痕が黒褐色化する化学的機序を示した清水恵子・旭川医科大教授（法医学）らの鑑定書を「十分に信用することができる」と評価。「1年以上味噌漬けされた着衣の血痕に赤みが残ることは通常想定しがたい」と判定した。

血痕の乾燥が黒褐色化のスピードを遅らせたとの検察の主張に対しては、味噌の原料に含まれる水分や醸造過程で生じる液体（たまり）が血痕に浸透したとして退けた。同様に、5点の衣類が見つかったタンク底部の酸素濃度が上部より低い状態だったことについても、石森浩一郎・北海道大学大学院教授（物理化学）の見解などをもとに「5点の衣類の血痕の黒褐色化を妨げる要因になったとは認められない」と影響を否定した。

さらに、事件発生から計8トンの味噌原料が仕込まれるまでの約20日間、衣類は酸素が十分存在する環境に置かれていたことなどにも触れ、「5点の衣類をこのタンクで1年以上味噌漬けした場合、血痕は赤みを失って黒褐色化する」と結論づけた。

(3) 捜査機関が血液を付ける加工をした

判決は、血痕の色調を踏まえると5点の衣類は「新たな味噌原材料が大量に仕込まれた1966年7月20日以前にタンクに入れられたとは認められない」と論理展開した。同年8月18日に逮捕されて以降、身柄を拘束されていた袴田さんが味噌タンクに投入することは「事実上不可能」なので「5点の衣類は袴田さん以外の者によって隠匿されたもので犯行着衣ではない」と認定。「捜査機関によって血痕を付けるなどの加工がされ、発見から近い時期にタンクに隠匿された捏造証拠」と断じ、証拠から排除した。

検察は再審公判で「5点の衣類の捏造は非現実的で実行不可能」と強く反論していたが、判決は一蹴した。その理由として、①警察は袴田さんを逮捕して以降、部屋に入って本人の衣類を入手できた、②味噌工場は夜間も実質的に施錠されておらず、従業員に気づかれずにタンクに隠すことが可能だった、③当時、公判中の袴田さんが無罪になる可能性が否定できず、有罪を決定づけるために捏造に及ぶことが現実的に想定し得る状況にあった――と指摘した。

(4) ズボンの共布は捜査機関が捜索の前に持ち込んだ

5点の衣類が発見された12日後に袴田さんの実家のタンスで見つかったズボンの共布についても、判決は「押収の経緯と押収後の検察官の立証活動などに照らし、捜査機関によって捏造されたもの」と言い切った。共布は、ズボンが袴田さんのものと認定される裏づけになっていた。

判決は、実家を捜索した警察官が、味噌で濡れて硬くなったズボンとは違う状態の端切れを、その場でズボンと同じ生地・色と判断して押収した一方で、左右2枚あるはずの共布の他の1枚の所在を袴田さんの母親に尋ねた形跡がないことを「矛盾する対応で、不自然さを通り越した不合理な捜査活動」と問題視。「捜索の目的が当初から袴田さんの実家から端切れを押収することにあり、捜査機関の者によって捜索以前に持ち込まれた後で押収されたという事実を推認させる」と踏み込んだ。

判決はさらに、捜索後の担当検事の立証活動にも「看過できない不合理な点がある」と言及した。①共布の押収前日に5点の衣類を袴田さんの犯行着衣だとして裁判所に証拠請求した、②共布について袴田さんの母親から聴取もしない段階で、冒頭陳述を訂正して犯行着衣をパジャマから5点の衣類に変更した――ことを挙げ、検事が「袴田さんの実家から端切れが押収されることを捜索以前から知っていたことを推認させる事情」と読み解いた。

(5) 検事調書は警察官の取調べと連携

「3つの捏造」の中で、判決が最初に取り上げているのは検事調書だ。

確定審の一審・静岡地裁判決は計45通の「自白」調書のうち、28通の警察官調書を「長時間の取調べで任意性に疑いがある」、16通の検事調書を「起訴後の取調べで違法」として排除する一方、起訴直前に取られた1966年9月9日付の検事調書1通だけを証拠採用した。再審公判で検察はこの調書を有罪立証に使わないと表明していたが、判決は職権で「任意性を欠き証拠とすることはできない」と排除した。

判決は警察による袴田さんの取調べについて、①逮捕当日から「自白」前日まで19日間、連日行われ、1日平均12時間に及んだ、②犯行を否認する袴田さんに対し自白しなければ長期間勾留する旨を告知して心理的に追い詰め、犯人と決めつけて執拗に自白を迫った、③取調室に便器を持ち込んで排尿を促すなど屈辱的かつ非人道的な対応をした——と非難した。

そのうえで、担当検事も「袴田さんを犯人と決めつける追及的な取調べを繰り返し行っていた」と指摘した。この検事調書は、検事が清水警察署に出向いて警察官による取調べの間に取られたことから「警察官による取調べと連携して獲得された」と認定。調書は刑事訴訟法

319条1項が定める「強制、拷問または脅迫による自白」に当たると判断した。ちなみに、この検事は公判途中で犯行着衣を5点の衣類に変更した検事と同一人物だ。

(6) 袴田さんを犯人と認めることはできない

判決は「5点の衣類を除いた証拠によって認められる事実関係は、袴田さんが犯人であるとすれば整合するといった程度の限定的な証明力を有するにすぎず、袴田さん以外の者による犯行可能性を十分に残す」と記して、「袴田さんを本件犯行の犯人と認めることはできない」と結論づけ、無罪を導いた。

一方で判決は、5点の衣類の血痕のDNA型が袴田さんの型とも被害者4人の型とも一致しないと判定した本田克也・筑波大教授（法医学）による鑑定の証拠価値を認めなかった。凶器はクリ小刀とし、犯行は金品を奪う目的で、単独で遂行可能だったなどと、検察の主張を受け入れた。

(7) 「58年の苦労が吹き飛んだ気がする」と秀子さん

袴田さんの弁護団と姉・秀子さん（91歳）は判決後、静岡市内で記者会見に臨んだ。

主任弁護人の小川秀世・事務局長は「判決は5点の衣類をはじめ3つの論点ではっきり捏造

を認定した」と力を込め、「裁判所は十分な判断を下した」と評価した。他のメンバーからも「ほぼ完勝の内容。検察の控訴はあり得ない」(間光洋弁護士)、「取調べを厳しく批判してたいへん良かった」(田中薫弁護士)との受けとめが聞かれた。1月に急逝した西嶋勝彦・弁護団長の功績を偲び、「一緒に無罪判決を聞けずに残念」(伊豆田悦義弁護士)との声も出た。

秀子さんは「58年の苦労が吹き飛んだ気がするくらい嬉しく思っている」と安堵の表情を浮かべ、判決をきっかけに弟の精神状態が「少しずつでも良くなってくれればいい」と期待をかけた。

日本弁護士連合会(日弁連)も記者会見を開催。渕上玲子会長は判決を受けて、再審法制の速やかな改正と死刑制度の廃止を改めて政府と国会に強く求めていく意向を強調した。

判決公判では、傍聴券を求めて502人が抽選に申し込んだ。これまでの公判(48席)より広い法廷(72席)が使用されたが、マスコミへの割当てを優先したため一般傍聴席は40で、倍率は12・6倍になった。袴田さんの支援団体は初公判以来、別室で法廷の画像や音声をモニター傍聴させるよう要請し続けたが、地裁は最後まで顧みなかった。

あとがき

「57年闘ってきたのだから2年や3年なんともない」

肝心の再審公判がなかなか始まらなかった頃、袴田巖さんの姉・秀子さんは自分や周囲を奮い立たせるようにこう語っていた。その言葉を聞くたび、私は秀子さんの気丈さに感服するとともに、やるせない気持ちになった。「少しでも早くこの冤罪を晴らすために、自分がしてきたことがどれだけ役に立ったのだろうか」と。

袴田事件の取材をするようになったのは2006年。静岡で新聞記者をしていた時に、たまたま接したテーマだった。以来、東京に転勤したりフリーランスになったりした後も、取材を続けさせてもらった。「はけないズボン」をはじめ不可解な点がいくつも積み残されたままで、死刑判決の根拠自体に疑問があることを知り、「事件の実態や冤罪の主張を浸透させるために、少しでも多くの記事を発信したい」と考えたからだった。

それなりの数の記事を書いてきた自負はある。それでも、最初の再審開始決定が出るまで半世紀近くも冤罪の訴えが受け入れられず、再審の判決までさらに10年半を要したこの事件にあって、それらの記事が事態の改善に寄与できたという実感はないのが本当のところだ。ようやく無罪判決が出たいま、ライターとしての自分の存在意義を改めて見つめ直さなければいけないと、切に感じている。

もっと言えば、数々の疑念に目をつむってきた司法、そして関心を示してこなかった社会――。私の問題とは次元が違うかもしれないけれど、再審無罪判決はここに至るまでのかかわりに自分のこととして向き合うよう、すべての国民に突き付けているのだと思う。

◇　◇　◇

本書は、前著『袴田事件　これでも死刑なのか』（現代人文社、２０１８年）の続編の位置づけだ。ウェブサイト『刑事弁護オアシス』（https://www.keiben-oasis.com/）に掲載してきた記事を中心に構成し、加筆した。年齢や肩書などは基本的に記事初出時のもの（学者は鑑定書や意見書などの作成時の肩書）であることをお断りしておく。

袴田さんの弁護団の主張とともに、検察の主張もできるだけそのまま扱うようにした。読者の皆さんには、双方の主張を理解したうえで、どちらに説得力があるか判断していただきたい。前著と同様に、司法に縁の薄い一般市民に分かりやすい文章を心がけたつもりだ。

再審判決まで盛り込むことにもこだわった。判決時点で出版していたほうが販売戦略的には有効だが、袴田さん姉弟の58年の苦闘に決着をつける無罪判決までを網羅してこそ裁判の記録として完結するし、関係者のこれまでの取組みに応えることにもなるからだ。そんな私たちのスタンスに共感いただき、本書が多くの方の目に触れるよう願っている。

取材では、支援団体（後掲）の皆さんに助けられてきた。中でも、静岡地裁で再審開始決定が出た2014年以前から地道に活動を続けてきた支援者の努力には、頭が下がるばかりだ。

また、『刑事弁護オアシス』への掲載から本書の出版に至るまで、現代人文社の成澤壽信社長と吉岡正志さんにお世話になった。

◇　◇　◇

無罪判決が出たとはいえ、この事件はこれで終わりではない。国家賠償請求訴訟を起こすのなら、違法捜査を追及する裁判が続くことになる。これほど長い間、袴田さん姉弟を苦しめた元凶と言うべき再審法制の整備も、大きな課題だろう。自分に何ができるか見極めつつ、微力でもかかわりを続けたい。

もちろん最も重要なことは、袴田さん姉弟に真の意味で「自由で平穏な生活」を取り戻してもらうことだ。元気で長生きを、と願わずにいられない。

2024年9月

小石　勝朗

◎袴田事件弁護団一覧

＊2024年5月27日付で裁判所に提出した弁論要旨にもとづいて作成。

西嶋　勝彦（弁護団長、2024年1月7日逝去）
小川　秀世（主任弁護人、弁護団事務局長）

秋山　賢三　葦名　ゆき　伊豆田悦義　伊藤　修一　指宿　昭一
岡島　順治　小川　央　小倉　博　小澤　優一　加藤　英典
黒柳　安生　笹森　学　佐野　雅則　白山　聖浩　田中　薫
髙橋　右京　田畑　知久　角替　清美　戸舘　圭之　西澤美和子
間　光洋　福地　明人　水野　智幸　村﨑　修　矢澤　昇治

◎袴田事件支援団体一覧

袴田巖さんの再審無罪を求める実行委員会（9団体）
　アムネスティ・インターナショナル日本　日本国民救援会
日本プロボクシング協会袴田巖支援委員会　袴田巖さんの再審を求める会
袴田巖さんを救援する静岡県民の会　袴田巖さんを救援する清水・静岡市民の会
袴田さん支援クラブ　浜松・袴田巖さんを救う市民の会
無実の死刑囚・袴田巖さんを救う会

袴田事件の主な経過一覧

1966年	6月30日	静岡県清水市（当時）で味噌会社の専務一家4人殺害。
	8月18日	同社住込み従業員の袴田巖さん（当時30歳）が逮捕。
	9月 6日	逮捕から20日目、袴田さん犯行「自白」（2014年10月、取調べ録音テープが静岡県警清水署の倉庫で発見され、2015年1月に証拠開示）。
	9月 9日	強盗殺人、放火、住居侵入罪で静岡地裁に起訴。
1967年	8月31日	同社の味噌タンクから「5点の衣類」が発見される。
1968年	9月11日	静岡地裁（石見勝四、高井吉夫、熊本典道）が死刑判決。
1976年	5月18日	東京高裁（横川敏雄、柏井康夫、中西武夫）が控訴棄却。
1980年	11月19日	最高裁第二小法廷（宮崎梧一、栗本一夫、木下忠良、塚本重頼、鹽野宜慶）が上告棄却し、死刑判決が確定。
1981年	4月20日	静岡地裁に第一次再審請求。
2007年	2月19日	死刑判決を下した静岡地裁元裁判官の一人、熊本典道さんが「合議で袴田さんの無罪を主張した」と告白。
2008年	3月24日	最高裁（今井功、津野修、中川了滋、古田佑紀）が第一次再審請求を退ける。
	4月25日	静岡地裁に第二次再審請求。
2014年	3月18日	袴田巖死刑囚救援議員連盟総会（運動再開）。
	3月27日	静岡地裁（村山浩昭、大村陽一、満田智彦）が第2次再審請求を認め再審開始を決定。袴田さん47年7カ月ぶりに釈放。検察が東京高裁へ即時抗告。
2017年	9月26、27日	DNA鑑定手法をめぐる2人の法医学者、本田克也・筑波大学教授（弁護側推薦）、鈴木廣一・大阪医科大学教授（検察側推薦）の尋問。
2018年	2月 2日	結審。
	6月11日	東京高裁（大島隆明、菊池則明、林欣寛）が地裁の決定を取り消し、再審請求を棄却。
	6月18日	袴田さんの弁護団が最高裁へ特別抗告。
2020年	12月22日	最高裁第三小法廷（林道晴、戸倉三郎、林景一、宮崎裕子、宇賀克也）が審理を高裁へ差し戻す。
2023年	3月13日	東京高裁（大善文男、青沼潔、仁藤佳海）の差戻審が再審開始を認める決定。
	3月20日	検察が特別抗告を断念し再審開始が確定。
	4月10日	静岡地裁で再審公判の事前協議が始まる。
	10月27日	再審の初公判。
2024年	3月25〜27日	法医学者ら5人を証人尋問。
	5月22日	再審の審理が終結。
	9月26日	静岡地裁（國井恒志、谷田部峻、益子元暢）が再審で無罪判決。

◉著者プロフィール

小石勝朗（こいし・かつろう）

1985年中央大法卒。朝日新聞などの記者として24年間、各地で勤務した後、2011年からフリーランス。冤罪や地方自治が取材・執筆の主テーマ。袴田事件の取材は2006年から続け、ウェブ『刑事弁護オアシス』などに記事を執筆している。著作に『袴田事件　これでも死刑なのか』（現代人文社、2018年）、『地域エネルギー発電所　事業化の最前線』（共著、現代人文社、2013年）など。

袴田事件 死刑から無罪へ
58年の苦闘に決着をつけた再審

2024年10月20日　第1版第1刷発行

［著　者］小石勝朗
［発行人］成澤壽信
［発行所］株式会社 現代人文社
〒160-0004　東京都新宿区四谷2-10　八ッ橋ビル7階
電話　03-5379-0307　FAX　03-5379-5388
E-Mail　hanbai@genjin.jp（販売）　henshu@genjin.jp（編集）
http://www.genjin.jp
［発売所］株式会社 大学図書
［印刷所］株式会社 ミツワ
［装　丁］加藤英一郎

検印省略　Printed in Japan
ISBN978-4-87798-869-2 C0036